カンカラチケットの レジンアクセサリー大全

CANDY COLOR TICKET

河出書房新社

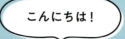

こんにちは!

このたび、河出書房新社から発売された今までのレシピ本をまとめた
「大全」をお届けできることになりました!

ただ、まとめただけではつまらない。

この本でカンカラチケットの作品にはじめて触れた方はもちろん、

これまでの書籍を全部買ってくださった方々も楽しめるように、

新作とともに、

今まで極秘扱い(!?)してきたテクニック、

あのやり方や、このやり方を新しく紹介いたします。

みなさんが 大好き なスイーツモチーフはもちろん、

人気のフード系や、コスメやタバコなどの大人モチーフまで

いろんなスタイルが楽しめる一冊になりました。

ボリュームたっぷりのぜいたく大全、楽しんでいただけますように!

CANDY COLOR TICKET

\ この本では…… /

1
樹脂製の
人気アクセサリーが
作れます!

2
粘土を使った
大人かわいい
アクセサリーも
作れます!

3
すべて既製品のような
クオリティで
作れます!

おまけ 中川翔子さんとのコラボアクセサリーカタログも載せてます!

Contents

RESIN

キャンディのポップチャーム …………… 6
パステルイチゴのキーホルダー ………… 8
レジンのクッキーチャーム ……………… 9
ジェリービーンズのアクセサリー ……… 10
パーツとじこめチャーム ………………… 12
スイーツパーツのキーホルダー ………… 14
プリンとコーヒーゼリーのリング ……… 15
お薬チャーム ……………………………… 16
アメリカンシェイクのチャーム ………… 17
ビールのチャーム ………………………… 18

クチビル&タバコのチャーム …………… 19
宝石イクラのアクセサリー ……………… 20
プティぶどうのピアス …………………… 21
パールビーズのアクセサリー …………… 22
ハートのアクセサリー …………………… 24
コスメなアクセサリー …………………… 25
ブレスレット & リング …………………… 26
ベイビーカラーのアクセサリー ………… 30
パーティモチーフのアクセサリー ……… 32

CRAY

フォーチュンクッキーのチャーム ……… 34
溶けかけアイスのアクセサリー ………… 35
完熟バナナのブローチ …………………… 36
キラキラホイップのプティピアス ……… 36
ジュエルなポップコーンのアクセサリー … 37
プレッツェルのブローチ ………………… 38
イチゴのアクセサリー …………………… 39

板ガムのチャーム ………………………… 40
サンドイッチのネックレス ……………… 41
ポテトチップスのブローチとチャーム … 42
キャラメルポップコーンのチャーム …… 43
割りたてタマゴのチャーム ……………… 44
ハンバーガーとフライドポテトのバッグチャーム
 …………………………………………… 45

CANDY COLOR TICKET × mmts　カタログ
 …………………………………………… 46

LESSON　カンカラチケットのレジン＆粘土レッスン

　レジン基本テク

基本の道具 …………………………… 50	アレンジテク❶　絵の具で模様をつける …… 58
基本のプロセス ………………………… 51	アレンジテク❷　3層レジン ………… 58
本書で使うレジン型 …………………… 52	基本テク❹　バリ取り、ツヤ出し …… 59
型の使い方とポイント ………………… 53	基本テク❺　接着 ……………………… 59
基本テク❶　クリアファイルで型を作る …… 54	基本テク❻　レジン用のまるごと型を作る …… 60
基本テク❷　硬化後に成形する ……… 55	基本テク❼　3/4 立体型を作る ……… 64
基本テク❸　封入する ………………… 56	

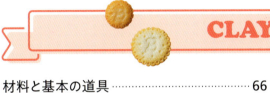
　粘土基本テク

材料と基本の道具 ……………………… 66	コーヒー豆 …………………………… 71
基本テク❶　粘土に色を混ぜる ……… 67	ビスケット …………………………… 71
基本テク❷　粘土をのばす …………… 67	粒チョコ ……………………………… 71
基本テク❸　焼き色をつける ………… 67	板チョコ ……………………………… 72
基本テク❹　クリームを作る ………… 68	シリアル ……………………………… 72
基本テク❺　ソースを作る …………… 68	チーズ ………………………………… 72
	ウエハース …………………………… 73
粘土で作るミニパーツ	ソフトクリーム ……………………… 73
ラムネ ………………………………… 69	クッキー ……………………………… 73
ミンツ ………………………………… 69	マシュマロ …………………………… 74
チョコスプレー ……………………… 69	
イチゴ ………………………………… 70	粘土用押し型を作る …………………… 74
アレンジパーツ ……………………… 70	アクセサリーの加工について ………… 75

各作品の作り方 …………………… 76〜

パステルイチゴのキーホルダー

How to make p.78

ツヤツヤの輝きに仕上がるレジンイチゴ。
クリアカラーもマットカラーもどちらもお好みで。
ここでは5個のうち1個だけマットカラーを組み合わせてみました。

クッキーは本物そっくりにできるので、テーブルの上に置くときは注意しましょう。レジンを固めるときに焼き色もつく秘伝を解説しています。

レジンのクッキーチャーム

How to make p.80

ジェリービーンズのアクセサリー

How to make p.82

まるごと型取りで作ったレジン製のジェリービーンズ。
単色カラー以外にも、塗料を散らして
アクセントをつけるのがポイントです。

パーツとじこめチャーム

How to make p.84

Cheese

Sweets

CHOCO

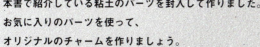

本書で紹介している粘土のパーツを封入して作りました。
お気に入りのパーツを使って、
オリジナルのチャームを作りましょう。

Snack

いつでも人気のスイーツパーツ。
ソフトクリームやビスケット、ウエハースにチョコレート。
好きなサイズでパーツを作って永遠に閉じ込めましょう。

スイーツパーツのキーホルダー

How to make p.83, 85

プリンとコーヒーゼリーのリング

How to make p.86

レジンで作る簡単スイーツ。
型に入れて固めるだけなところも本物そっくり♪
1分あれば作れるコーヒー豆は、超絶オシャレな万能アイテム。

お薬チャーム

How to make p.87

スイーツにフード、ちょいと食べすぎましたか？
おなかいっぱいのあなたに、カンカラからプレゼント。
胃薬でも頭痛薬でもよりどりみどり。
スッキリして次に進んでくださいwww。

アメリカンシェイクのチャーム

How to make p.88

映画「アメリカン・グラフィティ」に出てきそうな
60年代風シェイク。
甘いピンクのシェイクに、たっぷりのホイップ、
ツヤツヤのチェリーをのせてできあがり。
ストローも好きな柄で作れます。

ビールのチャーム

How to make p.90

ふわふわの泡がビール党の心をくすぐります。
グラスも中身もレジンでカンタン！
専用のレジン型がなくてもできちゃいます。
ロングチェーンのネックレスやウォレットチェーンにつけて、
カッコよく使いたい。

クチビル＆タバコのチャーム

How to make p.92

タバコの火には気をつけて。
ラインストーンの輝きにノックアウトされてしまうから。
クチビルは「魅力的！」と思える形で作りましょう。

こぼれんばかりに盛りつけた
イクラの軍艦巻き。
オレンジにきらめくジュエルな
アクセサリーに仕立てました。

宝石イクラのアクセサリー

How to make p.94

プティぶどうのピアス

How to make p.96

UV-LEDレジンで作るプティサイズのぶどうのピアス。
根気よく、ツブツブをたくさん作りましょう。
色のトーンを変えた粒を組み合わせたり、
ラインストーンをひと粒あしらったりすれば、
それがアクセントになります。

パールビーズのアクセサリー

How to make　a ストローアクセ p.100, b リング p.98, c ラウンドペンダント p.99, d ブレスレット p.97

透明なレジンに、パールビーズを
入れただけのアクセサリー。
カンタンだけれど、とってもゴージャス！

ハートのアクセサリー

How to make p.54, 101

みんなが大好きハートモチーフ。
あなたの好きな曲線で自由に作ってね。

大人な気分にぴったりのコスメモチーフ。
クリアファイルやタレビンなど
身近なものを利用して作っています。

コスメなアクセサリー

How to make クチビル *p.101*, 香水瓶 *p.102*, 口紅 *p.103*

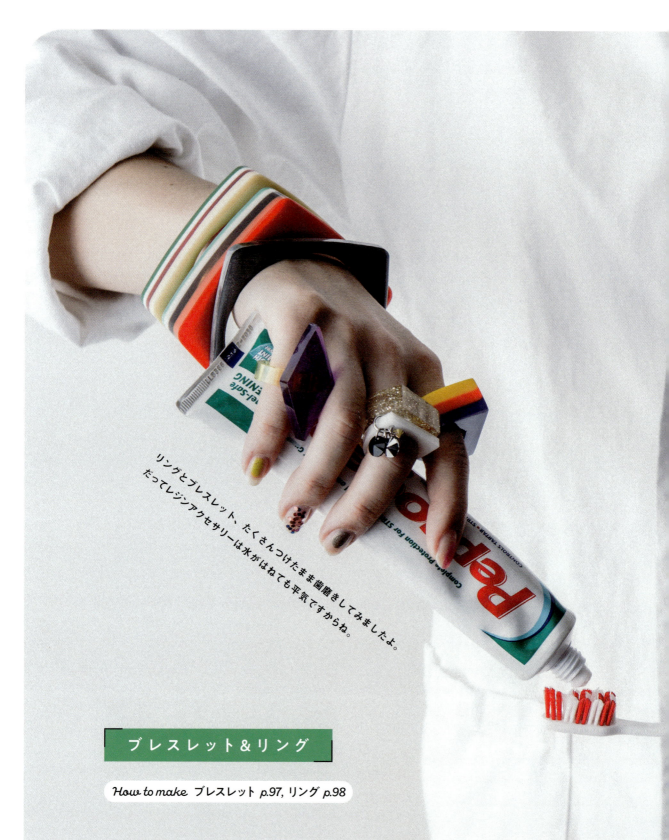

リングとブレスレット、たくさんつけたまま歯磨きしてみましたよ。だってレジンアクセサリーは水がはねても平気ですからね。

ブレスレット & リング

How to make ブレスレット p.97, リング p.98

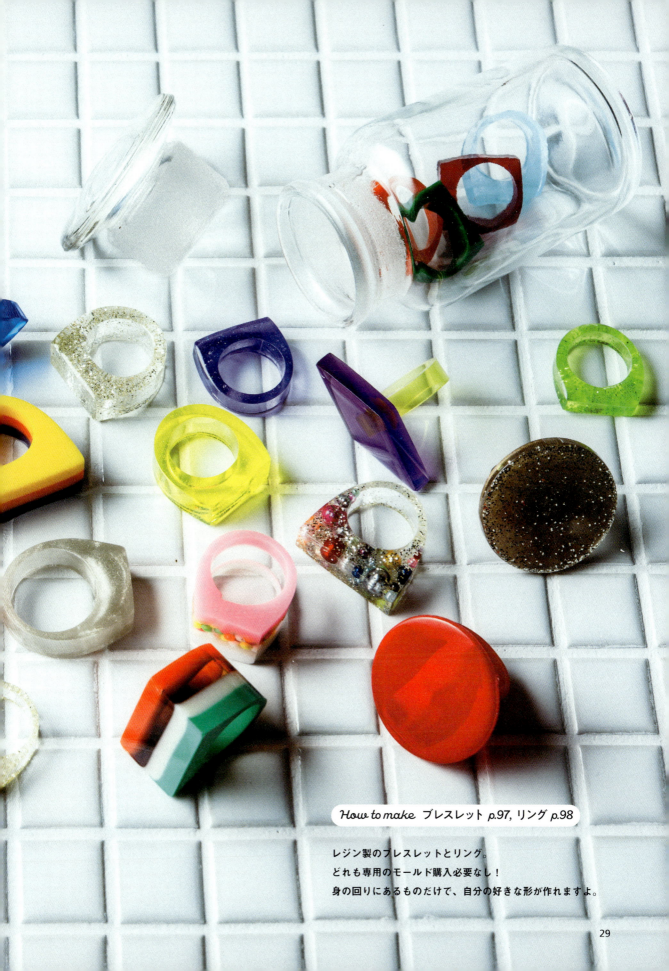

How to make ブレスレット p.97, リング p.98

レジン製のブレスレットとリング。
どれも専用のモールド購入必要なし！
身の回りにあるものだけで、自分の好きな形が作れますよ。

a

b

30

ベイビーカラーのアクセサリー

How to make **a** ペーパーチェーン p.104, **b** プレッツェル p.55, **c** フラッグガーランド p.104

ふんわり淡くてやわらかい印象のアクセサリー。
「曲げる」「カットする」それだけで上質なレジンアクセサリーが作れます。

パーティモチーフの アクセサリー

気分がアガるパーティグッズ。
そのまんまレジンで作ってみました。
30ページにペーパーチェーンもありますよ。

a

b

How to make a ビッグリボン p.105, b パーティクラッカー p.106, c フラッグガーランド p.104

CLAY

フォーチュンクッキーの チャーム

How to make p.107

リアルカラーで作ってもよいし、
ヴィヴィッドカラーにしてもオシャレ。
挟む紙には好きな言葉を書いてください♪

もしかして私の話が長すぎましたか？
アイスが溶けてきましたよ。
早く食べないといけませんね。

溶けかけアイスの
アクセサリー

How to make p.108

完熟バナナのブローチ

How to make p.110

キラキラホイップのプティピアス

How to make p.111

バナナの斑点シュガースポットはラインストーンで、
クリーム絞りにはラメを振りかけて。
どんなモチーフにもきらめきを忘れずに。

ジュエルなポップコーンの
アクセサリー

How to make p.112

本物そっくりのポップコーンの中に
ラインストーンを入れてキラリ！
大人にこそ似合う、シンプルでポップなブローチ＆ハットピン。

プレッツェルのブローチ

How to make p.113

ちょっと濃いめの焼き色に岩塩をまぶしたプレッツェル。
ジャケットの胸につけたり、ハットにつけたり。
シンプルだけど、目立ちます。
塩が効いてるから、甘くない大人の女性にぴったりかも？

スイーツデコにとって、
イチゴは永遠のアイコン。
可憐な白イチゴに、チョコソースがけイチゴ。
乙女かわいいイチゴアクセサリーは、
いくつになってもやっぱり定番なのです。

イチゴのアクセサリー

How to make p.70

カンタンにかわいく作れる板ガムは、
ハトメをつけてジャラづけチャームにしたり、
包装紙を巻いてブローチにしたり。
半分開けた銀紙包みは、
UV-LEDレジンで形状固定しています。

板ガムのチャーム

How to make p.114

サンドイッチのネックレス

How to make p.115

ボリューム満点のサンドイッチネックレス。
具材たっぷり、はみ出し気味に重ねるのが
おいしそうに見えるヒミツ。

ポテトチップスの
ブローチとチャーム

How to make p.118

ラメでのり塩味を表現するのがカンカラ流。
開けた瞬間を表現できるUV-LEDレジンのコーティング袋は、
チラリと見えるアルミカラーがポイントです。

キャラメルポップコーンの
チャーム

How to make p.120

ポップコーンのキャラメルがけに
3Dメガネを合わせた「映画館セット」。
大好きなシネマライフの
お供にしようと思います

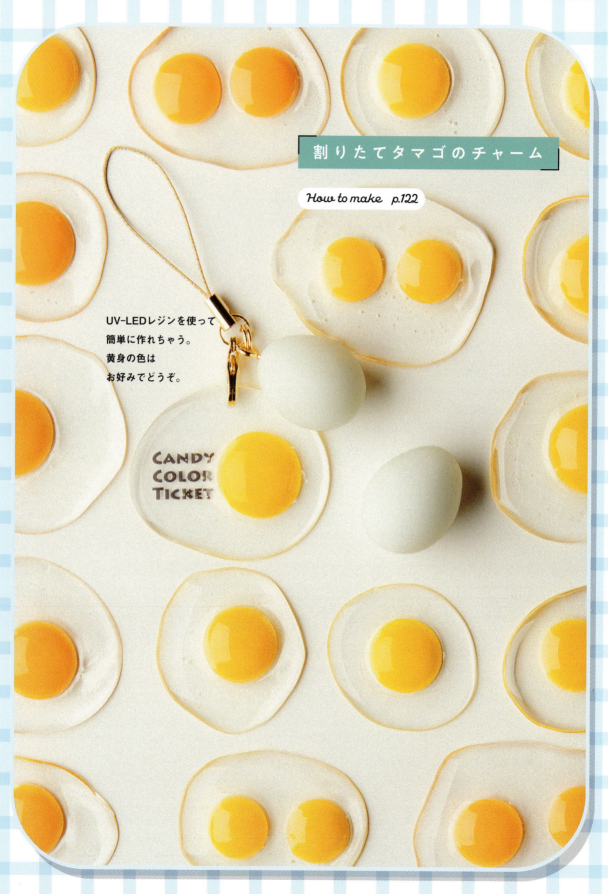

割りたてタマゴのチャーム

How to make p.122

UV-LEDレジンを使って
簡単に作れちゃう。
黄身の色は
お好みでどうぞ。

ハンバーガーとフライドポテトの
バッグチャーム

How to make p.123

バンズにはゴマに見立てたラインストーン、
レタスの先にキラリとラメで大人風味に。
ジャラづけしたフライドポテトが
軽快に揺れるバッグチャームです。

CANDY COLOR TICKET × mmts カタログ

しょこたんこと中川翔子さんとBEAMSが共同プロデュースするファッションブランド「mmts（マミタス）」に、2022年よりコラボレーション参加をしています。「CANDY COLOR TICKET×mmts」は中川翔子さん、mmts、私の3組でアイデアを出し合って作り上げるアクセサリーアイテム。テーマは「人も猫もハッピーに！」。中川翔子さんとmmtsが長く培ってきたコンセプトを損なわないようにしつつ、私の色も出し「大人がつけてもかわいい！」を意識しています。今まで制作してきたアイテムをピックアップして紹介します。巻末に掲載している作品別のコメントもぜひ読んでください。

カラフルチャーム
2022年秋冬発表

チョコチャーム
2022年秋冬発表

ロリポップ
2022年秋冬発表

水玉キャンディ（ピアス、イヤリング）
2022年秋冬発表

猫チョコ＆クッキー
（ピアス、イヤリング）
2022年秋冬発表

猫ドロップ
2022年秋冬発表

スイカ（ピアス、イヤリング）
2023年春夏発表

スイカヘアゴム
2023年春夏発表

スカシカシパンヘアゴム
2023年春夏発表

貝がらピアス
2023年春夏発表

貝がらイヤリング
2023年春夏発表

クリームソーダチャーム
2023年秋冬発表

CANDY COLOR TICKET × mmts カタログ

レトロチャーム
2023年秋冬発表

猫ホットケーキチャーム
2023年秋冬発表

麻雀（ピアス、イヤリング）
2023年秋冬発表

アメリカンバッグチャーム
2024年春夏発表

メポクッキーチャーム（左）
マミタス様クッキーチャーム（右）
2024年春夏発表

クッキー詰め合わせ
バッグチャーム
2024年春夏発表

マーブルクッキーミラー（左）
チョコクッキーミラー（右）
2024年春夏発表

ハンバーガーチャーム
2024年秋冬発表

ポテトチャーム
2024年秋冬発表

48

LESSON

カンカラチケットの レジン＆粘土レッスン

本書で使用している材料や道具、基本のプロセスを紹介しています。
作品作りによく出てくるテクニックをまとめていますので、
「レジン基本テク」「粘土基本テク」を確認しましょう。
各作品の作り方は76ページから掲載しています。

各作品のアクセサリーの加工について
● 本書ではスイーツやフードなどモチーフとなる作品の作り方を紹介しています。
　アクセサリーに加工する際の金具について必要な材料や工具は掲載していませんので、
　75ページを参考にお好みのものをご用意ください。
● 作品のサイズは目安です。

RESIN レジン

本書では、レジン作品の制作に「2液性レジン」を主に使います。UV-LEDレジンに比べて、安価で、比較的サイズの大きなアクセサリーが作れます。ここで使い方と基本テクニックを確認しましょう。

2液性レジンとは

主剤と硬化剤、2種類の液体を混ぜることで硬化する樹脂のこと。エポキシレジン、2液性樹脂などとも呼ばれる。透明度の高い立体感のある作品ができ、厚みによっては硬化後に温めて曲げるといった成形も可能。本書の作品は「デコレジーナエポキシ樹脂」(ビーズママ)を使用。

レジンの扱いについての注意点

▶ 化学製品のため取り扱いには十分注意し、添付の説明書に従って使用してください。
▶ 作業中は換気を十分に行ってください。
▶ 火の気に注意し、硬化するまでは肌に触れないようにしてください。

基本の道具

レジン液を作るときに必要な基本の道具を紹介します。

レジン液を作る

デジタル秤
重量比を正確に量るため、1g単位の秤を用意する。

ポリカップ
レジン液を入れるカップ。

攪拌棒
平たい幅広タイプのものを使う。円柱状の棒タイプは不可。割箸を使う場合は、漂白されておらず、水気のないものを選ぶこと。

手袋
レジンは化学製品のため、肌につかないよう手袋を着用して作業する。

着色する

楊枝
液体の着色料を加えるときに使う。

割箸
着色料を混ぜるときに使う。

封入する

ピンセット
レジン液の中に封入パーツ(シート、ビーズなど)を入れるときに使う。

着色料

レジン液を着色するときは、レジン用の着色料か顔料を使用する。

レジン用着色料
硬化不良の心配なく着色できる。カラーも豊富。
レジンカラー[ビーズママ](左)、宝石の雫[パジコ](右)

溶剤系顔料
ホビー用の着色料でレジンに混ぜやすく、カラーが豊富。
Mr.カラー[GSIクレオス]

溶剤系顔料
レジン着色用の粉末タイプの顔料。カラーが豊富。
ピカエース着色顔料[クラチ]

基本のプロセス

主剤と硬化剤を混ぜてレジン液を作り、型に流し入れて硬化させます。基本工程をポイントと合わせて確認しましょう。

▶▶ レジン液を作る

1 主剤をポリカップに入れて計量する。ここでは10g。

2 主剤に対して硬化剤を材料説明書の指示通り加える。秤の目盛りをリセットし、硬化剤を計量する。デコレジーナは100:40の割合。

3 撹拌棒で混ぜる。しっかり混ざり合うよう側面や底をこそげとるようにして混ぜる。軽く混ぜただけでは硬化不良の原因になるので注意。

▶▶ 着色する

1 楊枝に着色料をとり、レジン液に垂らす。

2 割箸などでムラなく混ぜる。

Point 粉末の顔料を使う場合

レジン液をクリアファイルなどに少量取り分け、顔料をそこに加えて粉ダマがなくなるまで混ぜる。着色したレジン液を無色のレジン液に戻して混ぜる。

▶▶ 型に流し入れる

1 シリコーン製の型（シリコーンモールド）に流し入れる。使える型についてはp.52参照。

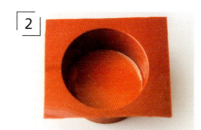

2 平らなところで1日置く。

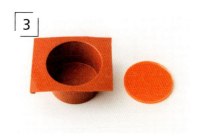

3 完全に硬化したら、型から取り出す。

完成度が上がるワザ！

気泡が気になるときは…

気泡はある程度は自然に抜けていきます。デコレジーナエポキシ樹脂はとくに気泡抜けがよいエポキシ樹脂ですが、硬化するにつれ、奥にある気泡が表面に上がってくる場合もあります。気になる場合は、家庭用の真空保存庫を使って脱泡するのがおすすめです。

真空保存庫に入れて、ポンプでバキュームする。

奥の泡が表面に浮き上がり、抜けていく。

本書で使うレジン型

シンプルな形状であれば、クリアファイルで好きな形の型が作れます。身の回りにある型に使えるものも紹介します。

クリアファイルで作る型

一重の型　　　　　二重の型　　　　　円すいの型

型に使えるもの

ストロー　　　　　タレビン　　　　　クリアファイル

食品保存容器（タッパー）　　　　　PP袋

市販の型

シリコーンモールド　カンカラモールド　　　　　　　　　　レジン用モールド

製菓用やお惣菜入れなどシリコーン製のもの。

カンカラチケットデザインのシリコーン製モールド。
ドロップモールド（左）、くまグミモールド（中）、スイーツモールド（右）
［ファイブ・シー］

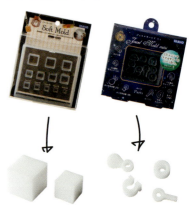

レジン用モールド。UV-LEDレジンにも対応。
ソフトモールド・キューブ（左）、
ジュエルモールドミニ・パーツ［パジコ］

型の使い方とポイント

市販のモールド以外を型に使う場合のコツを紹介します。
クリアファイルで作るオリジナル型の場合は、p.54を参照してください。

レジン基本テク

▶▶ ストロー

1
スポイトを使ってレジン液を入れる。ストローの中に気泡が入らないようにスポイトで押し出すとよい。

2
ストローの端を折り曲げ、セロハンテープで仮どめする。

3
ストローを立てた状態で洗濯バサミで固定し、固める。

▶▶ クリアファイル（レジンシート）

1
クリアファイルをめくり、レジン液を中央に流す。

2
クリアファイルを戻し、挟んだレジン液を上から薄くのばす。

3
硬化したら、はがす。シート状のレジン（レジンシート）ができる。

▶▶ PP袋

1
PP袋にレジン液を入れる。

2
割箸でPP袋を挟み、レジン液が流れないように固定する。

Point ジッパーつきなら巾着に

ジッパーつきのPP袋は、輪ゴムで縛ると巾着のフォルムになる。

▶▶ フリーハンド（型を使わない）

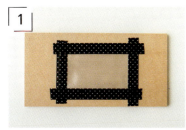
1
平らな台にガムテープ（両面テープでも可）の粘着面を上にして置き、テープで四方をとめる。

2
レジン液を楊枝などにとり、粘着面にのせる。好みの厚みまで追加したり、楊枝でのばしたりして形を整える。

3
形が決まったら、そのまま硬化させる。粘着面の上だとレジン液が広がらずに固められる。

53

基本テク❶	## クリアファイルで型を作る

好きなサイズと形でオリジナルの型を身近な材料で作ります。

[材料]
レジン …… 2液性レジン、UV-LEDレジン（型の補強用）
レジン用着色料 …… 好きな色
型 …… クリアファイル

[道具] 基本の道具(p.50)、ハサミ、両面テープ、セロハンテープ、ガムテープの作業台、UVライト、ツヤ出し用の道具(p.59)

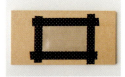

ガムテープの作業台
板や下敷きなど平らで歪みにくいものに、ガムテープ（両面テープでも可）の粘着面を上にして置き、テープで四方をとめる。

1 クリアファイルを1cm程度の幅で好きな長さにカットする。ここでは約11cm。**Point** 幅が型の高さになるので厚みのあるものを作る場合は調整する。

2 端に両面テープをつけ、クリアファイルのツルツルした面を内側にして丸め、ハートの形を作る。**Point** つなぎめをセロハンテープで補強するとよい。

3 ガムテープの作業台にハートの型を置き、形を調整する。**Point** 型が浮かないように押さえ、ガムテープにしっかり接着させる。

4 型の周りにUV-LEDレジンを数カ所つけ、UVライトを当てて固め、型を固定する。両面テープでとめたところは念入りに。

Point 型の補強について
レジン液を流し込むと型の隙間から液が漏れる場合があります。UV-LEDレジンとUVライトがない場合は、型の外側をセロハンテープでとめるなどして補強しましょう。レジン液を一気に入れず、少しずつ流し入れることも大切です。

5 レジン液を好きな色で着色する。10〜20分ほど置き、粘度が上がってから型に流し入れる。**Point** レジン液がサラサラの状態だと型から漏れやすいため、とろりとしてから入れる。

6 1日置き、完全に硬化したら、クリアファイルの型を外す。

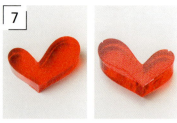

7 硬化後の表側と裏側（ガムテープとの接着面）。裏側に透明感やツヤを出したい場合は、やすりがけとツヤ出しをする(p.59)。

Point 液漏れした場合

レジン液の流し入れ後に液漏れして固まってしまっても、クリアファイルを外せば手でパリンと取れる。

基本テク❷ 硬化後に成形する

厚みが5mm程度までなら、硬化後に温めて曲げることができます。

[材料]
- **レジン** ……… デコレジーナエポキシ樹脂
- **レジン用着色料** ……… 好きな色
- **型** ……… ストロー(直径5mm、3mm)
- **塩** ……… ラインストーン ♯2058(SS5〜SS12)適宜
- **接着剤** ……… ボンド エポクリヤー

[道具] 基本の道具(p.50)、洗濯バサミ、セロハンテープ、カッター、お湯を入れる容器、マジカルピック

使用するレジンについて
硬化後に温めて成形する作品には、デコレジーナエポキシ樹脂を使用します。その他のエポキシレジン製品については、硬化後に温めることについて確認していません。

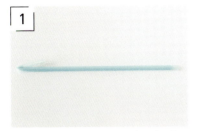

1. ストローを型にする場合のコツ(p.53)を参照し、好きな色のレジン液を流し、固める。

2. 硬化後、カッターで切れ目を入れ、ストローを外す。

3. 60℃程度のお湯につけ、温めてやわらかくする。**Point** 取り出すときは、ヤケドしないようピンセットなどで挟んで取り出すこと。

4. ストローを折り曲げていた端をカットする。

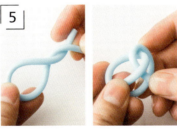

5. もう一度お湯につけ、温めてやわらかくしてから、プレッツェルの形に曲げる。

6. セロハンテープで固定する。冷えると固まるので、形が戻らないよう10〜20分程度置く。**Point** 水につけて冷やすと早く固まる。

7. 楊枝に接着剤をとり、プレッツェルの接着面にたっぷりめにつけ、セロハンテープで固定して固める。接着剤をつけるときは、少し隙間をあけて接着剤を間に入れる。

8. 塩に見立てたラインストーンをマジカルピックにとり、接着剤でつける。

9. できあがり。

基本テク ❸

封入する

パーツを入れ、3層に分けて固める封入レジン。基本の作り方を押さえれば、アレンジも自由自在です。

[材料]
レジン液①～③ …… 2液性レジン
レジン液③着色料 …… Mr.カラー（レッド）
封入パーツ …… ミンツ(p.69)適量、ピカエース ラメ・シャイン（純銀）

[道具]
シリコーン製型、レジン用の道具(p.50)

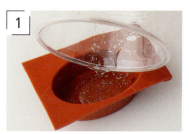

1

レジン液①にラメ・シャイン（純銀）を加えて混ぜ、型に薄く入れる。

2

好きな文字をプリントしたOHPシートを入れる。シートは沈めすぎないよう注意。底面側から文字が読めるように置くこと。1日置く。

3

1層めができたところ。

4

レジン液②を型に薄く（厚さ3mm程度）入れる。

5

封入パーツを入れる。**Point** 封入パーツに表裏がある場合は、表を型の底面に向けて配置する。

Point 気泡を防ぐには

大きめのパーツを入れる場合は気泡がつきやすいので、封入前にレジン液をからませてコーティングする。

6

パーツがぎりぎり浸る程度までレジン液②を加え、1日置く。

7

レジン液③に着色料を加えて色つきのレジン液を作り、型に流し入れる。1～2日置く。

8

完全に硬化したら型から取り出す。

9

鋭利な部分が気になる場合は、やすりで削る(p.59)。

Memo

3層にするワケ

1層めにパーツを入れると、経年変化でレジンが痩せ、パーツが出っぱってくることも。そのために2層めにパーツを入れ、1層めと3層めでサンドしています。

封入できるもの

ラメ・ホロ・グリッター
透明度の高いレジン液に混ぜるとよい。

ストーン
輝きが保てるチャトンタイプを使用する。

プラビーズ
ポップにしたいときなどに。

無穴パール
ピンやコードを通す穴のない無穴タイプを選ぶとよい。

ブリオン
レジンとの相性のよいネイル用品から選ぶとよい。

メタルパーツ
メタルのチャームやチェーンなど金属のパーツ。

ドライフラワー
花の向きに注意して封入する。

折り紙
折り紙をクラフトパンチで型抜きしたもの。

シート類
OHPシートにプリントしたもの。

手作りパーツ

オーブン粘土で作ったもの。

樹脂粘土で作ったもの。よく乾かしてから使うこと。

レジンで作ったもの。

ポスカ
レジンパーツに着彩するときに。特殊水性顔料インクなので、レジン液を流してもにじんだり、溶けたりしない。

封入のコツ

▶▶ **ラメ**　　▶▶ **シート**　　▶▶ **大きめパーツ**

レジン液を作ったら少し放置し、とろりとする程度に粘度を高めてから混ぜる。粘度があるとラメが沈みにくい。

レジン液を流してから、ピンセットでレジン液の中に沈める。アレンジテク②(p.58)で作る場合のコツ。

封入パーツの出っぱり予防に1層めを薄く流して固め、2層めで封入材を入れる。

2層めはパーツの半分程度の厚みで入れ、固める。さらに3層めのレジン液を入れて固めると、浮きやすいパーツの浮きが防げる。

アレンジテク❶ 絵の具で模様をつける

硬化したレジンにはアクリル絵の具で着彩ができます。絵の具の乾燥後にレジン液を流し重ねます。

▶▶ ドット模様

1
アクリル絵の具を綿棒にとり、透明な1層め（あるいは2層め）のレジンの裏にドットの模様をつける。

2
絵の具が乾いたら色つきのレジン液を流し入れ、硬化させてできあがり。

▶▶ スプラッター模様

1
絵の具を楊枝の先につけ、ストローで息を吹きかけて絵の具を細かく散らす。

Arrange
複数の色を使ったものと単色で模様をつけたもの。

アレンジテク❷ 3層レジン

平らな底の型を使う場合は、背景層、封入層、表面層の順にレジン液を流し入れてOK。できあがりをイメージしやすく、作りやすい方法です。

1
着色したレジン液①を型に3mmほど入れ、固める。これが背景層になる。

2
無着色のレジン液②を型に入れ、固める。ビーズなど封入パーツを入れる場合はここで入れる。

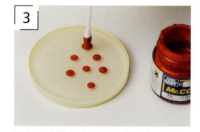

3
硬化したら型から取り出し、模様をつける。

4
無着色のレジン液③を用意し、シートを載せる箇所にレジン液を塗り、シートを置く。

5
レジン液をゆっくり表面に流し入れる。表面全体に行き渡るようにするが、垂れないように注意。

6
表面張力でふっくらとしたらストップ。硬化させる。3層め（表面層）は型を使わないので、表面のエッジがなだらかに仕上がる。

| 基本テク❹

バリ取り、ツヤ出し

硬化後のレジンは硬いので、薄く鋭利な箇所はやすりがけしておきます。また曇っているレジンも、コンパウンドで磨けばツヤが出ます。

▶▶ バリ取り

| 用意するもの |

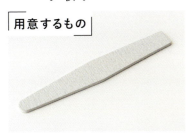
ネイル用ファイル

1 型から取り出したところ。鋭利な箇所（バリ）が縁にある。

2 ネイル用ファイルでやすりがけし、なめらかにする。

▶▶ ツヤ出し

| 用意するもの |

水研ぎ用やすり（耐水性）#400、#1000、#1500、仕上げ磨き用コンパウンド

1 ネイル用ファイルでバリを取る。

2 目の粗いやすり（#400）から細かいやすりで3段階に分けて、水研ぎする。

3 コンパウンドを専用布につけて磨く。

before

after

| 基本テク❺

接着

レジンの接着にはエポキシ樹脂系の接着剤を使います。

| 用意するもの |

エポキシ樹脂系の接着剤
ボンド エポクリヤー［コニシ］

1 A剤とB剤をクリアファイルなどに同量出す。

2 楊枝などでよく混ぜ合わせる。

3 接着剤を楊枝で塗る。

基本テク❻

レジン用のまるごと型を作る

球体やジェリービーンズなど立体的な作品が作れる「まるごと型」の作り方を紹介します。
好きな形の原型を樹脂粘土で作り、専用シリコーンで型を取ります。

▶▶型取り用の材料と道具

[型取り用材料]

1. ウェーブ・シリコーンゴム
　　［ウェーブ］
レジンを成型するときのシリコーン型の材料。
主剤と硬化剤を100：1の重量比で混ぜ合わせることで硬化する。

2. 油粘土
原型を押しつけるための粘土。型離れがよい油粘土を使用。

3. 型枠用容器
牛乳パック。ジェリービーンズ用には大きさに合う乳酸飲料の空き容器が便利。

4. 原型
型取りするもの。本書ではモデナで成形して固めたものを使用。

シリコーンの扱いについての注意点
▶ 化学製品のため取り扱いには十分注意し、添付の説明書をよく読んだうえで使用してください。
▶ 本書紹介以外の商品を使用する場合は、重量比等異なる場合がありますので添付の説明書に従って使用してください。
▶ 作業中は換気を十分に行いましょう。
▶ シリコーンは可燃性のため、火の気に注意し、硬化するまでは肌に触れないようにしてください。

[道具]

5. ポリカップ
シリコーンと硬化剤を混合するための容器。

6. デジタル秤
重量比を正確に量るため、1g単位の秤を用意する。

7. 攪拌棒
市販の攪拌棒、または割箸。
割箸は水分を含んでいない乾燥したものを使用する。

8. 離型剤
本書ではリップクリームを使用。

9. 輪ゴム
シリコーン型を固定するときに使う。

10. カッター、ハサミ
シリコーン型を整えたり、注型材（レジン）を流し込む穴を作るときに使う。

▶▶シリコーン型を作る

1 原型を用意する。写真はモデナでジェリービーンズの形を作り、乾かしたもの。原型にニスを塗っておくと、ツヤのあるレジン作品ができる。
※本書で主に使っているサイズは、全長3cmと2cmのもの。写真は3cm。

2 油粘土を直径6cm大、厚さ2cmほどにのばす。型枠用容器の口と底をカットする。

3 原型にリップクリームをまんべんなく塗る。
Point モデナで作った場合は塗らなくても離型する。

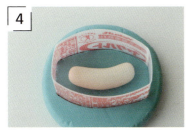

4 油粘土に型枠用容器を差し込む。その中心に原型を1/3ほど埋める。

5 型取り用シリコーンの主剤をポリカップに入れて計量する。

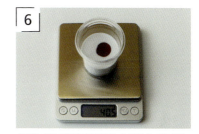

6 主剤に対して硬化剤を100:1の割合で加える。
※少し多い分にはOK（少ないと硬化不良になる）。

7 攪拌棒でしっかり混ぜ合わせる。

8 型枠に流し入れる。空気が入らないようゆっくりと注ぐこと。

9 原型より1cmほど高い位置までシリコーンを入れる。12時間以上置き、硬化させる。

10 シリコーンが硬化したら油粘土を取り除く。

11 原型をいったん取り出す。**Point** あとで型に戻すので、原型の向きを忘れずに。

12 原型の縁部分にシリコーンが薄い膜のように固まっているので、底からシリコーンを押し上げ、その余分な膜を削ぐように平らにカットする。

▶▶ シリコーン型を作るつづき

13 型合わせ用の切り込みを2〜4カ所入れる。

14 原型を元のシリコーン型に戻し、原型とシリコーン型の表面にリップクリームを塗る。

15 シリコーン型を押し下げ、原型の上にシリコーンを流し込めるようにする。

16 5〜9と同様に型どり用シリコーンを流し入れる。

17 シリコーンが硬化したら容器を外し、2つに割る。

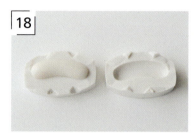

18 2つに割ったところ。左が最初に作ったシリコーン型。右が次に作ったシリコーン型。

19 注ぎ口　空気穴
レジン液の注ぎ口と空気穴をカッターで切り出す。型のできあがり。

Point 輪ゴムの引っかけを作る

型の側面をカットしておくと、輪ゴムで固定するときに便利。

Recipe

ジェリービーンズ

[材料]
レジン液……2液性レジン
レジン着色料……好きな色
その他……ガムテープ、UV-LEDレジンまたは水性アクリルニス（グロス）

[道具]
レジン用の道具(p.50)、
UVライト(UV-LEDレジン使用の場合。なくても可)、筆

1 着色したレジン液を作る(p.51)。

2 レジン液を型の注ぎ口から流し込む。少々あふれる程度までしっかり入れる。

3 トントンと軽く底を叩くようにすると気泡が抜けやすい。1日置く。

レジン基本テク

4

レジンのジェリービーンズができたところ。硬化したら型から外す。

5

注ぎ口や空気穴などで固まった余分なレジンを取り除く。

Point 硬いバリはニッパーで

硬いバリはニッパーなどでカットするとよい。

6

ツヤを出すためにUV-LEDレジン（またはニス）を塗る。クリアファイルの上で、粘着面を外側にして丸めたガムテープでジェリービーンズを固定するとよい。

Point ヒートンをつけてから塗る

アクセサリーにするときは、ヒートンをつけてからレジンやニスを塗る。洗濯バサミで固定できるので作業しやすい。

7
UVライトを照射し、UV-LEDレジンを硬化させる。UVライトがなければ、窓のそばなど太陽光が当たるところで硬化させる。表面が固まったら、裏面も同様に。

Arrange

転写シールを貼る
転写シールを貼り、UV-LEDレジンでコーティングをする。

Arrange

絵の具を飛び散らせたスプラッターデザイン
絵の具を散らしたら、UV-LEDレジンでコーティングをする。

1

段ボールなど汚れてもいいものの中に置き、絵の具をつけた楊枝を勢いよく振る。

2

絵の具を楊枝の先につけ、ストローで息を吹きかけて、絵の具を細かく散らす。

基本テク❼
3/4立体型を作る

「まるごと型」よりも手軽に型を作る方法を紹介します。一方の面が平らになるため、デコパーツに向いています。透明タイプの型が作れるので、UV-LEDレジンにも使えます。

▶▶型どり用の材料と道具

[材料]

1. **型取り用シリコーン**
スーパークリアシリコーン［デコレジーナ］

[道具]

2. **ポリカップ**
レジン液を入れたり、型枠用容器として使う。

3. **デジタル秤**
重量を正確に量るため、1g単位の秤を用意する。

4. **攪拌棒**　割箸でOK。

5. **両面テープ**　原型の固定に使う。

1
モデナで原型となるジェリービーンズを作る。写真は長さ2cmのもの。**Point** しっかり乾かしておくこと。水分が残っているとシリコーンの硬化不良の原因に。

2
ポリカップを作業しやすい深さ（5〜6cm）にカットし、両面テープを底に貼って原型をセットする。
※わかりやすいように原型の色を変えています。

3
型どり用シリコーンの主剤をポリカップに入れて計量する。

4
主剤に対して硬化剤を100:10の重量比で加える。
※混合比率はスーパークリアシリコーンの場合。

5
攪拌棒で混ぜ合わせ、ポリカップの中に注ぐ。

6
原型より5mm以上厚めに入れ、平らな場所に1日置く。

7
硬化したら、ポリカップから取って原型を外す。

8
型の縁をハサミでカットして、整える。

9
3/4立体のジェリービーンズ型のできあがり。

Recipe

ジェリービーンズ 3/4 ver.

[材料]
レジン液……2液性レジン、またはUV-LEDレジン
レジン着色料……好きな色

[道具]
レジン用の道具(p.50)、
またはUV-LEDレジン用の道具(下記)、ハサミ、やすり、筆

レジン基本テク

1
UV-LEDレジンまたは2液性のレジンを着色し、型に流し入れ、硬化させる。

2
型から取り出す。

3
バリをハサミでカットする。

4
凸凹している部分をやすりがけする。

5
UV-LEDレジンでコーティングする。

6
ジェリービーンズのできあがり。

Memo

UV-LEDレジンについて

UV-LEDレジン、およびUVレジンは1液性の透明樹脂材料で、紫外線（UV）やLEDライトによって硬化する。
2液性に比べ、扱いが簡単で、UVライトを使えば硬化も早い。

[材料]

1. UV-LEDレジン
UVレジン、またはUV-LEDレジンを使用。
UV-LEDレジン星の雫（ハードタイプ）[パジコ]

2. 型
紫外線やLEDが透過するクリアタイプのもの。シリコーン製、またはポリプロピレン製のものが型離れしやすい。

3. 着色料
紫外線やLEDが透過するレジン専用着色料か、透明顔料を使用する。
宝石の雫[パジコ]

[道具]

4. UV-LEDライト（UV）
レジンやネイル用に作られたライト。
UV-LEDライト[パジコ]
※本書ではUVライトを使用。

5. パレットと攪拌棒
クリアファイルや楊枝でも代用可。
調色パレットと攪拌スティック
[いずれもパジコ]

6. 筆とアルミホイル
コーティングに使用。保管するときはアルミホイルをかぶせてキャップ代わりに。

CLAY 粘土

材料は粘土と絵の具、仕上げのニスがあればOKです。
道具も基本的には身近なものを使って作れます。

▶▶ 材料と基本の道具

[粘土]
1. モデナ [パジコ]
自然乾燥で固まる樹脂粘土。成形しやすく、透明感のある仕上がり。アクリル絵の具を混ぜて好みのカラーにする。乾燥後は強度・耐水性があり、アクセサリー作りに向く。

【用途別に使う粘土】
左から、クリーム絞り用、ソース用、透明仕上がり用の粘土。

[着色料]
2. アクリル絵の具
粘土に混ぜて色を作ったり、焼き色をつけるときに使う。粘土に混ぜるときは水彩絵の具でも代用可能。乾燥後の着色は、ニス塗りの際に色が取れてしまうのでアクリル絵の具で。

[仕上げ剤]
3. 水性アクリルニス
作品の風合いをより強調させ、耐水性を高める。仕上がりの風合いの違いでグロス、セミグロス、マットの3種類を使い分ける。レジンの封入パーツにするときなどはニスは塗らなくてOK。

左から、マット、セミグロス、グロスで塗ったもの。

[接着剤]
4. 多用途接着剤
粘土同士の接着やヒートンと粘土の接着などに使用。硬化後の黄ばみがないクリアタイプがおすすめ。

[道具]
5. クリアファイル
作業台、粘土板として使う。適当な大きさにカットし、数枚用意しておくとよい。

6. ハサミ
クリアファイルや粘土を切るときに使う。

7. カッター
粘土を切ったり、筋をつけたりするときに使う。刃だけを使う場合も。

8. アルミホイル、歯ブラシ
焼き菓子などザクザクとした質感をつけるときに使う。

9. 楊枝
筋や質感をつけるときに使う。色を塗ったり、乾かしたりするときにパーツに刺して作業することもあるので、数本用意する。

10. 筆
着色やニス塗りに使う。

11. 洗濯バサミ
粘土を乾かしたり、ニスを塗ったりするときにあると便利。

12. たたら板や方眼紙（厚紙）のガイド
粘土の厚さを均等にのばすときに使うガイド。方眼紙は6枚で約3mm。10枚以上用意しておく。

13. のし棒
粘土を薄くのばすときに使う。ラップの芯で代用可。

14. アートプレッサー
粘土をのばしたり、細長く棒状にしたりするときにあると便利。

基本テク❶ 粘土に色を混ぜる

粘土にアクリル絵の具を混ぜて好みの色を作ります。
硬化後は色が濃くなるので、少し薄めに。

1 粘土に絵の具をのせる。この場合は、パンやケーキの生地用に黄土を混ぜている。

2 絵の具を練り込むように粘土を引っぱりながら混ぜる。

3 着色したところ。シワが出ないように球状にしてから成形を始めるのが基本。

基本テク❷ 粘土をのばす

粘土の厚さを均等にのばすときの方法です。
3mm以上の厚さにしたい場合は、たたら板などを利用しましょう。

1 クリアファイルの上に粘土を置き、両側にガイド用方眼紙を同じ枚数ずつセットする。

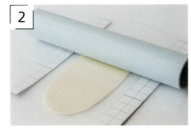

2 粘土のくっつき防止にクリアファイルを重ね、のし棒でのばす。

3 のばしたところ。本書で「ガイド2枚分の厚さにのばす」とある場合は、2枚ずつセットしてのし棒でのばすということ。

基本テク❸ 焼き色をつける

焼き菓子やパンなどは焼き色をつけると、グッとリアルに。
2段階に分けて色を重ねていきます。

用意するもの
基本の焼き色①……アクリル絵の具（黄土）
基本の焼き色②……アクリル絵の具（黄土、茶、こげ茶）
スポンジ、容器、ティッシュ、水

1 粘土が乾いたら、基本の焼き色①を水に溶き、スポンジにとって全体に着色する。はんのり焼き色がついた状態。

2 基本の焼き色②の3色を出し、水には溶かずにスポンジで混ぜる。

3 ティッシュペーパーの上でスポンジを軽く叩いて、水分を取る（ティッシュオフする）。

4 ③を重ねる。焦げめを強調したいところは何度も重ねるとよい。

5 焼き色をつけたところ。

粘土基本テク

基本テク④ クリームを作る

ホイップクリームを添えるだけで甘くかわいいニュアンスに。
口金やクリームの色を変えて楽しんでください。

用意するもの

モデナ、アクリル絵の具（白、黄色）、容器、割箸、水、絞り袋、口金

1

容器にモデナを入れ、白と黄色（微量）の絵の具を加える。**Point** モデナは乾くと半透明になるため、マットな白にするには白の絵の具を混ぜる。温かみのあるクリーム色にするために黄色をほんの少し加える。

2

水を少しずつ加えながら割箸で練る。
Point 水はいっぺんにではなく、少しずつ入れるのがポイント。

3

クリームが絞れる程度（ツノが立つ程度）のかたさになるまで、水を少しずつ加えて練る。

4

口金をセットした絞り袋に③を入れる。口金と絞り袋はセロハンテープで固定するとよい。

5

絞り袋の中に空気が入らないように詰め、製菓の要領でクリームを絞る。

基本テク⑤ ソースを作る

ペースト状の粘土「モデナペースト」がソースにぴったり。
アイシングのような細いクリームやソースは、モデナを細長くのばして使います。

用意するもの

モデナ、モデナペースト、アクリル絵の具・チョコレートソース（こげ茶）、ホワイトソース（白、黄色）、容器、割箸

1

容器にモデナペーストを入れ、アクリル絵の具（こげ茶）で着色する。
※モデナペーストはモデナを水に溶いてゆるくしたものでも代用可。

2

ソースをかける。

3

ソースが乾いたところ。乾くと色が濃くなる。

4

モデナにアクリル絵の具（白と黄色微量）を混ぜ、細くのばす。

5

ホワイトソースをのせる。乾いてつきにくかったら、水か接着剤でつける。

粘土で作るミニパーツ

トッピングに便利なミニスイーツやフルーツを紹介します。レジンの封入用に小さく作ったり、チャーム用に大きくして作るなどアレンジしてみましょう。

▶▶ ラムネ

[材料]
ラムネ……モデナ 適量＋アクリル絵の具(好きな色)

[道具]
クリアファイル、ガイド用方眼紙6枚、のし棒、歯ブラシ、ストロー

1

2

3

1　好みの色に着色した粘土をクリアファイルで挟み、ガイド3枚分の厚さにのばす。

2　歯ブラシで叩いて質感をつける。

3　ストローで抜いて乾かす。いろいろな色で作っておくとよい。

▶▶ ミンツ

[材料]
ミンツ……モデナ 適量＋アクリル絵の具(好きな色)

[道具]
クリアファイル、ガイド用方眼紙4枚、のし棒、ストロー

1

2

3

1　好みの色に着色した粘土をクリアファイルで挟み、ガイド2枚分の厚さにのばす。

2　ストローで抜き、丸めて乾かす。均等なサイズに作れる。

3　いろいろな色で作っておくとよい。ガイドの枚数を変えれば、サイズ違いができる。

▶▶ チョコスプレー

[材料]
チョコスプレー……モデナ 適量＋アクリル絵の具(好きな色)

[道具]
粘土押し出し器(クレイエクストルーダー)、クリアファイル、カッター、カッターマット

1

2

3

1　好みの色に着色した粘土を粘土押し出し器に詰め、クリアファイルの上で押し出す。

2　乾いたら、カッターでカットする。

3　いろいろな色で作っておくとよい。

粘土で作るミニパーツ

▶▶イチゴ

[材料]
イチゴ …… モデナ適量＋アクリル絵の具(濃いめの赤)
ヘタ …… 造花の葉や茎
ニス …… 水性アクリルニス(好みの風合いで)
接着剤 …… 木工用ボンド、ウルトラ多用途SU

[道具]
クリアファイル(10cm角)、楊枝、洗濯バサミ、筆、ハサミ

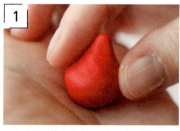

1
イチゴ用の粘土を丸め、イチゴの形にする。白イチゴは、モデナに白のアクリル絵の具を混ぜてから成形する。

2
クリアファイルを円すい状に丸め、先をつぶしてしずく形にしたもので、種の模様をつける。尖ったほうからつけていく。

3
楊枝をイチゴに刺し、洗濯バサミで挟んで乾かす。

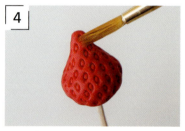

4
ニスを塗る。

5
カット後の毛羽立ち予防に、木工用ボンドを水で薄め、造花の葉に塗り、乾かす。

6
葉はヘタの形(写真)に切り、ツルは茎を1.5cmほどに切る。

7
イチゴにウルトラ多用途SUで6をつける。

Arrange
チョコレートソースとホワイトソースをかけたもの(p.68)。

Arrange
立体型用の原型。

▶▶アレンジパーツ

型抜きパーツ

好みの色に着色した粘土(モデナ)を薄くのばして乾かす。表面が乾いたら、やわらかいうちにクラフトパンチで抜く。

メレンゲ

モデナで作ったクリーム(p.68)を絞り袋に入れ、クリアファイルの上に絞って乾かす。

絞りクリーム

モデナに絵の具を混ぜて、フェイクならではのポップカラーのクリーム(p.68)に。

▶▶ コーヒー豆

[材料]
コーヒー豆 …… モデナ適量＋アクリル絵の具（こげ茶）

[道具] カッター

1. 粘土を好きなサイズで細長に丸める。

2. 片面を平らにする。

3. カッターで線を入れ、乾かす。

▶▶ ビスケット

[材料]
ビスケット …… モデナ適量＋アクリル絵の具（黄土）
焼き色 …… 基本の焼き色①②(p.67)

[道具] クリアファイル、のし棒、歯ブラシ、カッター、楊枝、スポンジ

1. ビスケットの粘土を厚さ3mm程度にのばし、歯ブラシで叩いて質感をつける。

2. 長四角にカットする。

3. 楊枝を立てて縁に押し当て、ギザギザのへこみをつける。

4. 楊枝で穴をあける。

5. 乾かす。

6. 焼き色①②をつけてできあがり。ニスはお好みで。

▶▶ 粒チョコ

[材料]
チョコ …… モデナ適量＋アクリル絵の具（好きな色）
その他 …… 転写シール（お好みで）、UV-LEDレジン※または水性アクリルニス（グロス）
※UV-LEDレジンを使う場合はUVライトを用意する。

[道具] クリアファイル、ガムテープ、筆

1. 好みの色に着色したモデナを5mm玉に丸め、平たくつぶす。

2. 好みで転写シールを貼る。

3. カットしたクリアファイルにガムテープを丸めてつけ、その上にチョコをのせてUV-LEDレジン（またはニス）を塗る。

4. UVライトを照射して、固める。
※使用したUVレジンの推奨時間で照射する。UVライトがなければ窓際など日の当たるところに置く。

▶▶ 板チョコ

[材料]
チョコレート …… モデナ適量＋アクリル絵の具（こげ茶）
ニス …… 水性アクリルニス（マット）

[道具]
クリアファイル、アートプレッサー、カッター、角棒（または角のあるもの）、スタンプ（好みで）、筆

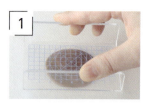

1 こげ茶にした粘土をクリアファイルに挟み、アートプレッサーで厚さ5mmほどにのばす。

2 カッターの背で板チョコのガイドラインをつける。横長の格子になるようにする。

3 角棒の角（直角部分）でガイドラインを押して、深めに跡をつける。

4 つけたところ。

5 周りを縁1mmほど残してカットする。乾かす。

Arrange 好みでスタンプを押す。

波形（または花形）の抜き型で一部を抜くと、かじりかけチョコになる。

6 固まったらニスを塗る。

▶▶ シリアル

[材料]
シリアル …… モデナ適量＋アクリル絵の具（好きな色）

[道具]
ストロー、歯ブラシ、クリアファイル

1 モデナを好きな色に着色して5mm玉に丸め、指で押して少し平らにする。

2 ストローで中心に穴をあける。

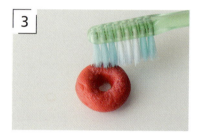

3 歯ブラシで叩いて質感をつける。数種類の色で作る。

▶▶ チーズ

[材料]
チーズ …… モデナ適量＋アクリル絵の具（黄色＋オレンジ）

[道具]
細工棒（丸）、カッター

1 薄オレンジ色に着色した粘土を、四角く成形する。

2 細工棒を押し当てて穴をあける。

3 乾いたら、カッターで好きな形にカットする。

▶▶ ウエハース

[材料]
ウエハース……モデナ適量＋アクリル絵の具（黄土＋白）
クリーム……モデナ適量＋アクリル絵の具（白）
ニス……水性アクリルニス（マット）

[道具]
クリアファイル、押し型・ウエハース（p.74）、アートプレッサー、カッター、筆

1. 薄クリームに着色した粘土を押し型の上にのせ、アートプレッサーで押しつけて厚さ3mmにする。

2. 型から外し、模様のついたほうを上にして半分にカットする。表面が固まるまで1時間ほど乾かす。

3. クリーム用の粘土を好きな厚さにのばし、ウエハースで挟んで乾かす。

4. 固まったら好きな形にカットする。格子柄が斜めになるようにカットするとよい。

5. ニスを塗る。

Arrange ウエハースとクリームを色違いで作ったもの。

Arrange クリームを2層にしたり、形を変えてカットしたもの。

▶▶ ソフトクリーム

[材料]
クリーム……モデナ適量＋アクリル絵の具（白＋黄色）
コーン……モデナ適量＋アクリル絵の具（黄土＋茶）
ニス……水性アクリルニス（マット）

[道具]
クリアファイル、押し型・ワッフル（p.74）、抜き型（丸・直径4cm）、ハサミ、容器、割箸、絞り出し袋、口金（8切）、筆

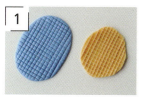

1. ワッフル用の粘土を押し型の上でのばし、模様をつける。

2. 抜き型で丸く抜き、模様を外側にして円すい形に丸め、乾かす。

3. ハサミで縁を水平にカットする。

4. クリームを絞る（p.68）。左は裏が平らな封入用、右は立体的なデコ用。乾いたらニスを塗る。

▶▶ クッキー

[材料]
クッキー……モデナ適量＋絵の具（黄土＋白）
焼き色……基本の焼き色（p.67）
ニス……水性アクリルニス（マット）

[道具]
クリアファイル、押し型・クッキー（p.74）、容器、スポンジ、筆

1. クッキー用の粘土を丸くし、少し平たくつぶす。

2. 押し型を押しつけ、模様をつけながらドーム状にする。縁を少しつぶすように整える。乾かす。

3. 基本の焼き色の3色を混ぜてスポンジにとり、縁に焼き色をつける。

4. 乾いたらニスを塗る。

粘土基本テク

▶▶ マシュマロ

[材料]
マシュマロ …… モデナ適量＋アクリル絵の具(好きな色)を4色分
ニス …… 水性アクリルニス(マット)

[道具]
ラップ、クリアファイル、アートプレッサー、ハサミ、筆

1 モデナを好みの色で着色し、4色用意する。乾かないようにラップで包んでおく。

2 アートプレッサーで転がすようにし、細長くする。

3 4色分を細長くし、4本をまとめてねじる。乾くとシワが寄るので手早くやること。

4 ねじったら10分ほど乾かし、ハサミでカットする。乾いたらニスを塗る。

Point サイズ違いの作り方
粘土を細長くのばす際、より細くすれば、小さなマシュマロになる。

粘土用押し型を作る

用意するもの
ブルーミックス（スロー）
[アグサジャパン]
基材と触媒の混合比1:1で硬化する型どり用のシリコーンゴム。ブルーミックス（スロー）は可使時間が4分。

1 ブルーミックス（スロー）の基材と触媒を1:1で用意する。

2 手早く混ぜる。

3 のし棒などで平たくのばす。

コーンの押し型
定規を5mm間隔で押し当てる。

ワッフルの押し型
定規を押し当て、升目状にする。

ウエハースの押し型
カッターの刃の逆側で、細かな格子模様をつける。

クッキーの押し型

質感がわかりやすいクッキーを用意し、ブルーミックスを平らにのばし、押し当てる。硬化したらできあがり。

アクセサリーの加工について

パーツはヒートンをつけるか、穴をあけてカンを通し、アクセサリーに加工します。ブローチなどは専用金具に直接貼りつけます。

材料と工具

接続金具

ヒートン、丸カン、Cカン、ニコイル。作品の大きさ、厚さに合わせてサイズを選んで使う。

アクセサリー金具

キーホルダーやブローチ金具などアイテム別の専用金具。カン付きの金具には丸カンやCカンを使ってつなぐ。

チェーン、リボン、コード類

ネックレスやブレスレットを作るときに使う。

工具

平ペンチは2本あると丸カンの開閉に便利。穴をあけるための電動ルーター（ピンバイスでも代用可）。

加工の方法

▶▶ 丸カン（Cカン）をつける

1

電動ルーターで穴をあける。

2

丸カンを開く。このように前後に開くこと。

3
丸カンを穴に通し、閉じる。

▶▶ ヒートンをつける

1

取りつけるヒートンに近い太さのドリル芯をルーターにセットし、穴をあける。

2

まち針で接着剤を詰める。

3

ヒートンを回し入れる。

▶▶ 接着剤でつける

1

本書で使用している接着剤。エポキシ樹脂製なのでレジンとの相性がよい。

2

アクセサリー金具に接着剤をつけ、直接貼りつける。

Arrange

カンのある接続パーツの型を使ってレジンで作るオリジナルパーツ。金具とは違った雰囲気が楽しめる。

※本書ではアクセサリーへの加工や使用金具については説明していませんので、上記の方法を参考にアレンジしてください。

Photo 6ページ | Size フリー

キャンディのポップチャーム

[材料]
◎共通
　レジン液……2液性レジン
　レジン用着色料……好きな色
◎棒つきキャンディ
　棒……製菓用スティック
　接着剤……ボンド エポクリヤー
　型……スイーツモールド［ファイブ・シー］
◎包みキャンディ
　型……ドロップモールド［ファイブ・シー］、
　　　　タピオカ用ストロー（直径12mm）
　包み……ビニール（0.2～0.3mm厚）
　ハトメ……両面ハトメ（内径3mm）各1セット
　その他……テグス

> **Comment**
> 包みキャンディのビニールは0.2
> ～0.3mm厚ぐらいが作業しやすい
> です。手芸屋さんなどで探してみ
> てください。包むキャンディは市
> 販品のボタンなどでもいいですね。

[道具]
レジン用の道具（p.50）、ルーター、ハトメ用の道具

▶▶棒つきキャンディ

1. 着色したレジン液を型に流し入れ、固める。

2. 硬化したら、型から取り出す。

3. 半球の小さいほうに、棒が刺せる太さにルーターで穴をあける。

4. 半球2つを接着剤で貼り合せ、さらに半球の穴に接着剤を入れ、接着剤をつけた棒を挿し込む。

▶▶包みキャンディ・ドロップ

1. 包むキャンディのサイズに合わせてビニールを用意する。写真は8cm角。

2. レジンで作ったキャンディをビニールの中心に置き、三つ折りになるように折り、クリップで仮どめする。写真は裏側。

Point ハトメ用の道具

上から金づち、ハトメ抜き、打ち棒、ゴム台、両面ハトメ、打ち皿

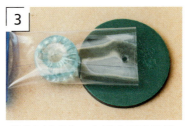

3. ゴム台の上にのせ、ハトメ抜きで穴をあける。

4. 両面ハトメの足の長いほうを下にし、ビニールの穴に通す。

両面ハトメの足の短いほうをかぶせる。

打ち皿の上に置き、打ち棒を当て、金づちで叩く。

ハトメを叩きどめしたところ。

キャンディ包みになるように、テグスを巻いて縛る。固結びして余分をカットする。

もう一方も同様にテグスで巻く。

Arrange
色つきのビニールで作ったもの。

▶▶ 包みキャンディ・円筒形

タピオカ用ストローを3.5cmの長さにカットし、一方の端をセロハンテープでふさぐ。

ストローが倒れないよう固定し、着色したレジン液を流し入れ、固める。

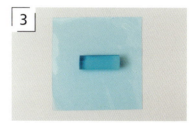
硬化したら、型から外し、ビニールで包む。包みキャンディ・ドロップと同様にハトメをつけ、テグスを巻く。

棒つきキャンディと包みキャンディ2種、モールドで型取りしたレジンパーツを組み合わせる。

作品の作り方

| Photo 8ページ | Size フリー |

パステルイチゴのキーホルダー

[材料]
◎シリコーン型
　原型……モデナ適宜、楊枝
　型取り用の材料……p.60参照
◎イチゴ
　レジン液……2液性レジン
　レジン用着色料……好きな色

[道具]
型取り用の道具(p.60)、レジン用の道具(p.50)、輪ゴム

> **Comment**
> 立体のまるごと型の簡易バージョンです。シリコーン型が底まで裂けないように気をつけて扱ってください。
> マットカラーにするには、着色料のホワイトを混ぜて作ります。少しずつ加えながら色みを調整してください。

▶▶シリコーン型

1. モデナで原型を作る。イチゴ(p.70)を参照し、好きなサイズで作る。原型なので色はつけなくてよい。楊枝を刺し込み、2cmほど出るようにカットする。

2. 油粘土を厚さ1cmほどにのばし、①を1cmほど刺す。

3. 原型よりひと回り大きいサイズで型枠用容器(写真は牛乳パック)を用意し、油粘土に刺すようにしてのせる。

4. ウェーブ・シリコーンゴムの主剤と硬化剤を混ぜ、型枠に流し入れる。

5. 硬化したら、油粘土から外す。

6. 型枠を外す。楊枝のある面からカッターの刃を入れ、型の2/3ぐらいまで切り込みを入れる。
Point 原型をまた使う場合は傷がつかないよう注意。

7. 原型を取り出す。このとき型が底まで裂けないように注意する。

8. 原型を取り出したところ。型の切り込みはこの程度で取り出せるとよい。

9. 楊枝があったところをレジンの注入口にするので、カッターで少し穴を広げる。

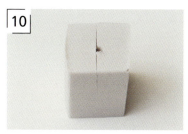

型のできあがり。注入口の穴は小さいほうがきれいな仕上がりになる。

▶▶イチゴ

着色したレジン液を用意する。シリコーン型はレジンを入れた際に広がらないよう、輪ゴムをして固定しておく。

レジン液を型に注ぎ入れる。手で切り込みを広げながら入れると入りやすい。

少しあふれる程度まで入れる。硬化すると少し縮まるのと、切り込み部分にはみ出し分を考慮するため。

硬化したら取り出す。原型を取り出したときと同様に型が裂けないように注意。

取り出したら、バリをカットする。

作品の作り方

| Photo 9ページ | Size フリー |

レジンのクッキーチャーム

[材料]
◎シリコーン型
　原型 …… モデナ適宜
　型取り用の材料 …… p.60参照
◎ビスケット、クッキー
　レジン液 …… 2液性レジン
　レジン用着色料 …… Mr.カラー(ホワイト)+ピカエース着色顔料(レモンイエロー微量+イエローブラウン微量)
　焼き色 …… 焼き色の達人
　接着剤 …… ボンド エポクリヤー
◎クリーム
　レジン液 …… 2液性レジン
　レジン用着色料 …… Mr.カラー(ホワイト)+ピカエース着色顔料(レモンイエロー微量)

[道具]
型取り用の道具(p.60)、両面テープの作業台、レジン用の道具(p.50)、平筆

Comment
カンカラ考案の「焼き色と硬化を同時にする方法」で作るレジンのクッキー。焼き色がレジンに封入されるため、色がはがれないのが○。

▶▶ シリコーン型

1　モデナで原型を作る。ビスケット(p.71)を参照し、好きなサイズで作る。原型なので色はつけなくてよい。同じサイズでクリームの原型も作る。

Point ツヤありに仕上げたい場合
ツヤ感のある仕上がりにしたい場合は、ニス(グロス)を塗る。スプレータイプが便利。マットな雰囲気がよければ行わない。

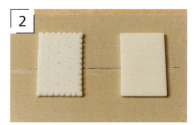

2　作業台(板に両面テープを貼ったもの)に原型を置く。今回はまるごとでなく、片面の型取りなので油粘土でなくてもよい。

3　原型よりひと回り大きいサイズで型枠用容器(写真は牛乳パック)を用意し、作業台にのせる。

4　ウェーブ・シリコーンゴムの主剤と硬化剤を混ぜ、型枠に流し入れる。

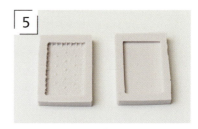

5　硬化したら原型を取り出す。シリコーン型のできあがり。ビスケットは2つ作っておくとよい。

▶▶ レジンビスケット

1　ビスケットの型の縁に、焼き色の達人を薄い色からのせていく。

2　中間色をのせているところ。

3　濃い色を縁寄りにのせ、グラデーションになるようにする。

CANDY COLOR TICKET ×mmtsの「マミタス」と「メポ」のクッキーチャームも同じ方法で制作。

作品の作り方

4

ビスケット用に着色したレジン液と、クリーム用に着色したレジン液をそれぞれ型に流し入れる。1日以上置く。

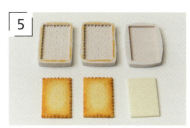

5

固まったら型から外す。

6

接着剤で貼り合わせる。

Arrange

クッキー(p.73)の原型を作って、クリームサンドにしたもの。

Arrange

ビスケットにスタンプを押して原型を作る。

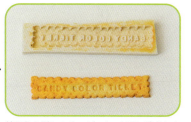

焼き色を型にのせ、ビスケット用に着色したレジン液を流し入れ、固める。

Arrange

原型をオーブン粘土で作ったもの。オーブンを使用することで硬化が早く、また硬化後の収縮がないのが特徴。

焼き色を型にのせ、ビスケット用に着色したレジン液を流し入れ、固める。

焼き色に使用した焼き色の達人[タミヤ]。焼き色の濃淡3色がセットになっている。

Photo 10ページ | Size フリー

ジェリービーンズのアクセサリー

[材料]
レジン液 …… 2液性レジン
レジン用着色料 …… 好きな色
型 …… まるごと型(p.60)、または3/4立体型(p.64)、まるごと型の簡易バージョン(p.78)

[道具]
レジン用の道具(p.50)

[作り方]
- ジェリービーンズ(p.62、65)の作り方を参照し、大小2種類のサイズで好きな色を作る。
- ネックレスとブレスレット用にはヒートンを両端に刺す。
- キーホルダー用には先端に1つヒートンを刺す。チェーンをカットし、丸カンでつなげる。

Comment
カラフルなチェーンとつなげてアクセサリーにします。ブレスレットには2cm、ネックレスとキーホルダーには3cmのジェリービーンズを使っています。

ブレスレットは、カンがついた三連のブレスレット金具を使用。ジェリービーンズは長さ2cmほどの小さめサイズで作ると肌なじみがよい。

キーホルダーは、長さ3cmほどで作ったジェリービーンズとカンカラチケットのドロップモールドで作ったドロップを組み合わせる。

Photo 14ページ | *Size* フリー

スイーツパーツのキーホルダー

[材料]
レジン液①〜③ …… 2液性レジン
レジン液①封入材 …… ピカエース ラメ・シャイン(シルバー)、OHPシート
レジン液③着色料 …… Mr.カラー(ホワイト)＋ピカエース着色顔料(レモンイエロー微量)
封入パーツ …… ソフトクリーム(p.73)
型 …… シリコーン製型(直径4cm)

[道具]
レジン用の道具(p.50)、やすり

Comment
粘土で作るミニパーツを封入して、3層に分けて固めます。この型は平らなので、アレンジテク②3層レジン(p.58)でも作れます。封入パーツがソフトクリームの作品で材料と作り方を紹介しています。

1 レジン液①にラメ・シャイン(シルバー)を加えて混ぜ、型に薄く入れる。

2 好きな文字をプリントしたOHPシートを入れる。底面側から文字が読めるように置くこと。シートは沈めすぎないように注意。1日置く。

3 レジン液②を型に薄く(厚さ3mm程度)入れる。

4 レジン液②の残りに封入パーツを浸す。気泡があったら楊枝などでつぶしておく。

5 封入パーツの表を型の底面に向けて配置する。パーツがぎりぎり浸る程度までレジン液②を加え、1日置く。

6 レジン液③の主剤に着色料を加えて色つきのレジン液を作り、型に流し込む。1〜2日置く。

7 完全に硬化したら型から取り出す。

8 鋭利な部分をやすりで削る。

Photo 12ページ | Size フリー

パーツとじこめチャーム

[材料]
レジン液①〜③ …… 2液性レジン
レジン液③着色料 …… 好きな色
封入パーツ …… 写真参照
型 …… シリコーン製型

[道具]
レジン用の道具(p.50)

[作り方]
- スイーツパーツのキーホルダー(p.83)を参照して作る。

Comment
ポテトチップスやポップコーンなどパーツの配置にこだわりたい場合はアレンジテク②3層レジン(p.58)のほうが作りやすいです。かまぼこ型の場合は通常の基本テク③封入(p.56)でないと作れません。

- プレッツェル(p.113)
- チーズ(p.72)
- コーヒー豆(p.71)
- ミンツ(p.69)
- コーヒー豆(p.71)
- 絞りクリーム(p.70)
- チョコスプレー(p.69)

作品の作り方

85

Photo 15ページ | *Size* 直径約2.5cm

プリンとコーヒーゼリーのリング

[材料]
◎プリン
　プリンレジン液 …… 2液性レジン
　プリン着色料 …… Mr.カラー(ホワイト)
　　　　　　　　　　+ピカエース着色顔料(レモンイエロー微量+イエローブラウン微量)
　キャラメルレジン液 …… 2液性レジン
　キャラメル着色料 …… 宝石の雫(ブラウン+イエロー少々)
◎コーヒーゼリー
　ゼリーレジン液 …… 2液性レジン
　ゼリー着色料 …… 宝石の雫(ブラウン+イエロー少々)
　クリーム …… クリーミィホイップ(ホワイト)、または絞りクリーム(p.68)
　トッピング …… コーヒー豆(p.71)1〜2個
　接着剤 …… ウルトラ多用途SU
◎共通
　型 …… ミニゼリーの空き容器

[道具]
レジン用の道具(p.50)、口金(好きな形)、絞り袋

> **Comment**
> ミニゼリーの空き容器を使った簡単スイーツ。マットな色みのプリンは2液性レジンで作ります。コーヒーゼリーも濃いめの色なので2液性レジンで。

▶▶ **プリン**

1　ミニゼリーなどの透明の空き容器を用意する。

2　キャラメル色に着色したレジン液を容器に入れ、平らな場所に置き、硬化させる。

3　2層めにクリーム色に着色したレジン液を加え、同様に硬化させる。

4　容器から外してできあがり。

Arrange　市販のモールドを利用して作ったもの。

▶▶ **コーヒーゼリー**

1　コーヒー色に着色したレジン液を容器に入れ、平らな場所に置き、硬化させる。

2　クリームを絞る場合は、ゼリーの上面に接着剤をつけてから、口金をセットした絞り袋にクリームを入れて絞る。

3　クリームが乾かないうちに、コーヒー豆をトッピングしてできあがり。

Photo 16ページ | **Size** 直径1×2〜3cm

お薬チャーム

[材料]
カプセルレジン液① ……… 2液性レジン
カプセルレジン液② ……… 2液性レジン
顆粒 ……… 好きな色のミンツ(p.69)
レジン液①着色料 ……… レジンカラーやMr.カラーなど(好きな色)
型 ……… PP製のスポイト

[道具]
レジン用の道具(p.50)、ピンセット、カッター、ラジオペンチ、やすり

Comment
着色したレジンと透明レジンの2層で作ります。顆粒は手作りせずにビーズなどで代用しても。顆粒なしでツートンカラーにするのもおすすめです。

1 薬のカプセルに近い形の透明のスポイトを用意する。大きさや太さはお好みで。

2 スポイトの先をカットし、カプセルの形にする。

3 傾かないように固定し(材料外)、好きな色に着色したレジン液①を半分入れる。
Point 注ぎ入れづらい場合はスポイトを利用する。

4 1日置き、硬化させる。

5 着色しないレジン液②を入れ、ミンツを入れる。

6 1日置き、硬化させる。

7 スポイトを外す。カッターで薄く切れ目を入れ、ラジオペンチなどでスポイトを挟んでむき取る。

8 バリをやすりがけしてなめらかにする。より美しく仕上げたいときはやすり磨き(p.59)を参照して磨くとよい。

9 できあがり。

| Photo 17ページ | Size 高さ 約9cm |

アメリカンシェイクのチャーム

[材料]
レジン液……2液性レジン
レジン液着色料……レジンカラーオパーク(ストロベリーミルク)
グラスの型……クリアファイル(10×10cm)
容器の底……UV-LEDレジン
ストロー……デコパッチペーパー(好みの柄) 3.5×2.5cm
クリーム……モデナ適量＋アクリル絵の具(白＋黄色微量)
チェリー……UV-LEDレジン＋ピカエース透明顔料(チャイニーズレッド)
接着剤……ウルトラ多用途SU
ニス……水性アクリルニス(マット)

[道具]
レジン用の道具(p.50)、UVライト、セロハンテープ、ニッパー、シリコーンマット、楊枝、のり、筆、口金(好みの形)、絞り袋

> **Comment**
> シェイク用のミニグラスがなくても、クリアファイルで簡単に手作りできます。ストローも好きな柄で作りましょう。

1
クリアファイルを円すい状に丸め、セロハンテープでとめる。シェイク型のできあがり。

2
薄ピンク色に着色したレジン液を型に流し入れる。

3
型が傾かないように固定し、1日置く。
※ここではミニチュアのアイススタンドを使用。

4
クリアファイルの型を外し、底をニッパーで少しカットする。

5
上面と底をやすりをかけて整える。

6
シリコーンマットの上にUV-LEDレジンを直径2cmほど垂らし、容器の底にする。

7
シェイクを底の中心に固定し、UVライトを照射する。**Point** UVライトのスライド板を外すと、照射させやすい。

8
底の裏面もUVライトを照射し、しっかり硬化させる。

9
楊枝にデコパッチペーパーを巻きつけ、端をのりでとめる。

10
UV-LEDレジンを塗り、UVライトを照射して硬化させる。

11
楊枝を抜く。ストローのできあがり。

12
チェリーはプティぶどう(p.96)と同様に作る。

13
クリーム(p.68)を作る。

14
シェイクの上面に接着剤を塗り、クリームを絞る。

15
ソフトクリームのように4周ほど絞る。

16
チェリーとストローに接着剤をつけ、クリームにつける。

17
クリームがかたまったら、ニスを塗る。

Photo 18ページ | Size 底直径2、口直径3.5×高さ5.5cm

ビールのチャーム

[材料]
レジン液① …… 2液性レジン
レジン液② …… 2液性レジン
レジン液着色料②（普通のビール） …… 宝石の雫（イエロー+オレンジ少々）
レジン液着色料②（黒ビール） …… 宝石の雫（ブラック）
レジン液③ …… 2液性レジン
レジン液着色料③ …… Mr.カラー（ホワイト）
グラスの型 …… クリアファイル
持ち手の型 …… シリコーン製のチューブ（内径6mm）またはストロー約11cm
接着剤 …… ボンド エポクリヤー

Comment
ビールや炭酸飲料ならレジン液の気泡が逆にリアル。デコレジーナは気泡抜けのよい材料なので、ホイップの泡を残すためには硬化が進み、粘度が上がってからかき回すのがコツ。

[道具]
レジン用の道具（p.50）、ハサミ、両面テープ（幅1cm）、マスキングテープ、やすり、紙やすり、コンパウンド

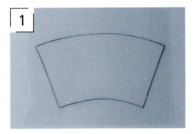

1 ジョッキ用の型紙をクリアファイルに写す。

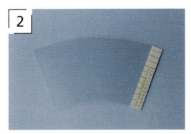

2 クリアファイルを切り抜く。片端に両面テープを貼って筒状にする。

3 底をマスキングテープでふさぐ。ジョッキ型のできあがり。

4 レジン液①（着色なし）を型の3〜5mm分ほど流し入れる。1日置く。

5 シリコーン製のチューブを持ち手の形に固定し、レジン液①を流し入れる。1日置く。ストローで作る場合はレジン基本テク②（p.55）を参照し、硬化後に持ち手の形に曲げる。

6 レジン液②を薄オレンジに着色し、ジョッキ型の6〜7割ほど流し入れる。1日置く。
Point 炭酸の泡を目立たせたければ、レジン液の粘度が高まるまで置いておき、ぐるぐる混ぜて気泡を作ってから型に入れる。

7 レジン液③を白く着色し、泡立つように混ぜて流し入れる。1日置く。**Point** 1〜2時間置いて粘度が高まってからかき混ぜると泡が残りやすい。

8 硬化したら、クリアファイルを外す。

9 鋭利なところをやすりがけし、なめらかにする。底の平らな面を美しく仕上げるとよい（p.59）。

CHECK 冷えたグラスの演出

1 目の細かいやすり（#1500）で側面をやすりがけし、曇らせる。

2 左がやすりがけしていないもの。右がやすりがけして曇らせたもの。

3 水滴用の接着剤ボンド エポクリヤー（またはUV-LEDレジン）を楊枝でつける。

10 持ち手のチューブを外し、紙やすりで整える。

11 持ち手を接着剤でつける。

12 できあがり。

Arrange

レジン②を濃いめのチョコレート色に着色し、黒ビールにする。

ジョッキ用型紙

原寸大

Photo 19ページ | Size クチビル約4×2.5cm、タバコ直径8mm×長さ5〜7cm

クチビル&タバコのチャーム

Comment
クチビルは市販のモールドを利用していますが、1個だけ作るなら、基本テク①クリアファイルで型を作る（p.54、p.101）を参照してオリジナルの型で作っても。粘土なら細かな表現もできます。

[材料]

◎クチビル
- レジン液……2液性レジン
- レジン液着色料(赤)……Mr.カラー(レッド)、またはレジンカラーオパーク(RED)
- レジン液着色料(黒)……Mr.カラー(ブラック)、またはレジンカラーオパーク(BLACK)

◎タバコ
- レジン液①……2液性レジン
- レジン液着色料①……宝石の雫(ホワイト)
- レジン液②……2液性レジン
- レジン液着色料②……宝石の雫(ホワイト+オレンジ少々+イエロー少々)+ピカエース ラメ・シャインN(DGゴールド・M)
- 型……ストロー(直径8mm)
- ラインストーン……#2088(シャム／F SS34)1個
- 接着剤……ボンド エポクリヤー

[道具]
レジン用の道具(p.50)、スイーツモールド[ファイブ・シー]、マスキングテープ、スポイト、カッター、やすり

▶▶クチビル

1 赤、または黒に着色したレジン液を作り、型に流し入れる。

2 1日置く。

3 型から取り出す。

CHECK 粘土で作るクチビル

1 粘土を小判形に成形する。

2 細工棒で中央に溝を作る。

3 ヘラ状の細工棒でクチビルを上下に開くようにする。

4 両端の口角部分を指でつまむ。

5 細工棒でシワをつける。

6 乾いたら、ニス(グロス)を塗って仕上げる。

▶▶ タバコ

1 ストローを5〜7cmほどにカットする。曲がったタバコにする場合は、ストローを曲げておく。
Point フィルターは2〜2.5cmくらい、巻紙部分は吸い始めか吸い終わりなどで好きな長さに。

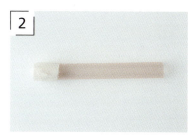

2 マスキングテープで片端をふさぎ、ストローが立つように固定する。タバコ型のできあがり。

3 レジン液①をフィルター分（レジン液②）を残して入れる。周りにつかないよう、細口のスポイトで入れるとよい。1日置く。

4 レジン液②を流し入れる。1日置く。

5 カッターでストローに切り込みを入れ、ストローを取る。

6 両端をやすりがけしてなめらかにする。

7 ラインストーンを接着剤でつける。

作品の作り方

Arrange
ストローを曲げた型で、黒いラインストーンで作ったもの。

Arrange
フィルター部分の色やラインストーンの色や形を変えて作ったもの。

93

| *Photo* 20ページ | *Size* 軍艦巻き3×4cm |

宝石イクラのアクセサリー

[材料]
イクラ本体 ……… UV-LEDレジン
イクラの赤み ……… グラスビーズ(赤)、またはクリアカラーのビーズ(赤)
イクラ着色料 ……… 宝石の雫(オレンジ)
のり ……… モデナ3cm玉＋アクリル絵の具(黒＋濃緑)
ごはん ……… モデナ＋絵の具(白)2.5cm玉
ニス ……… 水性アクリルニス(セミグロス)
接着剤 ……… ボンド エポクリヤー、ウルトラ多用途SU

[道具]
クリアファイル、マスキングテープ、楊枝、UVライト、ガムテープの作業台(p.54)、筆、のし棒、アルミホイル、定規、カッター、ピンセット

> **Comment**
> UV-LEDレジンで簡単にリアルなイクラが作れます。たくさん作りたい場合は、モデナでイクラの原形をたくさん作り、64ページで紹介した3/4立体型を用意して作業するのがおすすめ。

▶▶イクラ

1. クリアファイルにマスキングテープの接着面を上にして貼る。

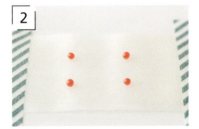
2. グラスビーズをのせる。

3. UV-LEDレジンをオレンジに着色する。

4. グラスビーズの上に着色したUV-LEDレジンを垂らす。表面張力でドーム形になる。

5. UVライトを照射し、硬化させる。

6. クリアファイルにガムテープを裏返して貼り、イクラをひっくり返して(平らな面を上にして)のせる。

7. 着色したUV-LEDレジンを垂らす。UVライトを照射し、硬化させる。

8. 着色したUV-LEDレジンを筆にとり、丸くなるように塗り足す。UVライトを照射し、硬化させる。

9. イクラのできあがり。

▶▶ 軍艦巻き

1 モデナに黒と濃緑を混ぜ合わせる。

2 磯のりの風合いの色にする。

3 クリアファイルに挟んでのし棒で薄くのばす。

4 しわくちゃにしたアルミホイルを押しつけて、質感をつける。

5 定規などを使って1.5×10cmにカットする。

6 ごはんの粘土を俵形に成形する。

7 のりにウルトラ多用途SUをつけて巻く。
Point のりの粘土がやわらかいうちに巻いてつける。

8 のりにニスを塗る。

9 イクラをエポクリヤーでつける。

10 イクラにエポクリヤーをからませる。クリアファイルの上で軍艦巻きからこぼれているようにイクラをつける。エポクリヤーは接着以外にとろっとした質感も出せる。

11 できあがり。ペンダントトップに加工するときは、のりにヒートンを刺す。

作品の作り方

95

| *Photo* 21ページ | *Size* 約2.5cm |

プティぶどうのピアス

[材料]
ぶどうの実(グレープ色)……UV-LEDレジン＋宝石の雫(パープル＋ロイヤルブルー)
ぶどうの実(マスカット色)……UV-LEDレジン＋宝石の雫(イエローグリーン＋イエロー)
ぶどうのツル……造花の茎部分を切り出す
接着剤……ボンド エポクリヤー

[道具]
クリアファイル、マスキングテープ、楊枝、UVライト、ピンセット

Comment
UV-LEDレジンの色を混ぜるとき、濃淡や色みにバリエーションをつけておきましょう。アメリカンシェイクのチェリー(p.89)も同じ方法で作っています。

1
クリアファイルにマスキングテープの接着面を上にして貼る。

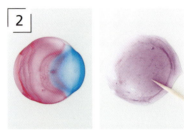

2
UV-LEDレジンを紫に着色する。

3
着色したUV-LEDレジンを1に垂らす。表面張力でドーム形になる。大小つけて垂らすとよい。

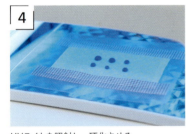

4
UVライトを照射し、硬化させる。

5
ひっくり返し、平らな面に着色したUV-LEDレジンを垂らす。UVライトを照射し、硬化させる。

6
大小の粒を20個ほど作る。紫の着色も、青みが強いもの、赤みが強いものなど色を変えて作るとよい。

7
クリアファイルの上でぶどう状になるように接着剤でつける。

Arrange
クリスタルストーンなどを入れてアクセントにするのもおすすめ。

8
造花をカットし、接着剤でツルをつける。

Photo 26、28ページ　|　**Size** フリー

ブレスレット

[材料]
レジン液 …… 2液性レジン
レジン用着色料 …… 好きな色
型 …… タッパー（手首よりもひと回り大きいサイズの正方形）、クリアファイル

[道具]
レジン用の道具(p.50)、セロハンテープ、おもし

> **Comment**
> タッパーを使って作ります。本書は8.5cm角サイズのタッパーを使用しています。マットカラーにクリアカラーの層を組み合わせるのがおすすめ。

作品の作り方

1

クリアファイルをタッパーの高さより少し大きい幅でカットし、手首の周囲に合わせて丸め、セロハンテープでとめ、タッパーの中央に置く。

2

レジン液（1層め）を好きな色で着色し、タッパーとクリアファイルの間に5〜6mmほど流し入れる。

3

クリアファイルの型がずれないようにおもしをのせて固める。シリコーン製モールドなど平らで弾力のあるものがよい。

4

1層めが硬化したら、2を繰り返し、4層（4色分）のレジン液を固める。2層め以降はクリアファイルが固定されるので、おもしは使わない。※写真は2色を交互に4層。

5

4層めが硬化したら型から外す。

6 **Point** はみ出てもOK

1層めのレジン液がはみ出して固まっても、おもしをしてクリアファイルの型がタッパーの底についていれば、硬化後に外せる。

6

外周のエッジ部分が高くなっているので、4層めと同じ色のレジン液をそっと流し入れる。

7

表面張力でふっくら盛り上がる程度入れ、固める。

Arrange

無着色のレジン液で作ったもの。大きめのパーツを封入する場合は、パーツのはみ出し予防に薄く1層めを固めてから、2層めでパーツを入れるとよい。

| Photo 26、28ページ | Size フリー |

リング

Comment
自分の指のサイズで作れるリング、2つの作り方を紹介します。

[材料]
◎共通
　レジン用着色料……好きな色
　封入材……無穴パール、ラメなどお好みで
◎一体型
　レジン液……2液性レジン、UV-LEDレジン(型の補強用)
　型……クリアファイル

◎プレートタイプ
　レジン液……デコレジーナエポキシ樹脂、UV-LEDレジン(型の補強用)
　プレートの型……クリアファイル、または好きな形のシリコーンモールド
　リングの型……タッパーやシリコーンモールドなど長方形のもの
　接着剤……ボンド エポクリヤー

[道具]
レジン用の道具(p.50)、両面テープ、ガムテープの作業台(p.54)、UVライト、ツヤ出し用の道具(p.59)、ボンド エポクリヤー

▶▶ 一体型

1　幅1cm前後で帯状にカットしたクリアファイルを指のサイズに合わせて輪にし、両面テープでとめる。

2　基本テク①クリアファイルで型を作る(p.54)を参照し、1の周りにクリアファイルを好きな形に作る。UV-LEDレジンで補強する。

3　レジン液を好きな色に着色し、10～20分ほど置いて粘度が高まってから型に流し入れる。

4　好みで封入材を加え、固める。

Arrange　大きめのカンがついたヒートンをつけ、ビーズ類を丸カンやTカンでつなぐ。

Arrange　工程2で出っぱりの凸を作ったもの。出っぱり部分にルーターで穴をあけ、Dカンを通し、ビーズ類を丸カンやTカンでDカンにつなぐ。

▶▶ プレートタイプ

1　クリアファイルで型を作り(p.54)、着色したレジン液を流し入れ、固める。市販のシリコーンモールドを利用してもよい。

2　リングの型に着色したレジン液を厚さ2mmほど流し入れ、お好みで封入材を入れ、固める。
Point リング用にはラメなどの粉末系以外の封入材は入れないこと。

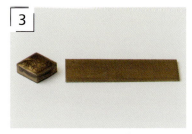

3　硬化したら、それぞれ型から外す。

4 基本テク②硬化後に成形する(p.55)を参照し、リング用のレジンパーツは温めてやわらかくし、[好きな幅×指の周囲長さ]で帯状にカットする。

5 再度、温めてやわらかくし、指に合わせて曲げ、接着剤でプレートにつける。セロハンテープで仮どめしながら固定する。

Arrange プレートパーツに厚みがある場合、リングパーツはプレートのサイドに接着するのもおすすめ。

Photo 22ページ　|　**Size** フリー

ラウンドペンダント

Comment
ペンダントヘッドなので、表面が鋭角にならないよう、型から取り出してから3層めのレジンを流すのがポイントです。

[材料]
レジン液……2液性レジン
型……シリコーンモールド(円形)
封入材……無穴パール、チャトン、スパンコール、ラメなど

[道具]
レジン用の道具(p.50)

[作り方]
アレンジテク②3層レジン(p58)を参照して作る。型にレジン液を薄く流して固め(1層め)、2層めのレジン液を流し入れ、封入剤を加えて固める。
硬化後、型から取り出し、3層めのレジン液を表面に行き渡らせる(下Point)。

Point 型から外してから3層めのレジン液を流す

1 縁部分が高くなっているので、レジン液をそっと流し入れる。

2 表面張力でふっくら盛り上がる程度入れ、固める。

Photo 22・23ページ | Size フリー

ストローアクセ

[材料]
レジン液 …… 2液性レジン、UV-LEDレジン
型 …… ストロー（直径8mm）
封入材 …… 無穴パールなど

[道具]
レジン用の道具(p.50)、UVライト、マスキングテープ

> **Comment**
> 封入材を入れやすい太口サイズのストローを型にします。ポリプロピレン製のものを使用してください。硬化後にカーブをつける場合は直径8mm程度までがおすすめです。

1

クリアファイルにUV-LEDをストローに入る程度の幅に薄く細く流し、封入材を配置し、UVライトで固める。

2

ストローを好きな長さにカットし、一方の端をマスキングテープでふさぐ。レジン液を半分ほど流し入れ、1を入れる。

3

さらにレジン液を加え、型が倒れないよう、立てて固定し(p.77、p.93)、固める。

4
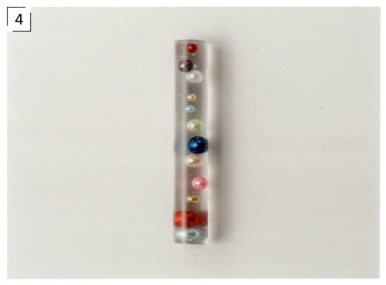
硬化後、型から外す。

5

ネックレス用にカーブをつけるには、基本テク②硬化後に成形する(p.55)を参照し、温めて手で曲げる。

Photo 24ページ | Size フリー

ハートのアクセサリー

[材料]
レジン液 …… 2液性レジン、UV-LEDレジン（型の補強用）
レジン用着色料（クリア系） …… 宝石の雫（レッド）
レジン用着色料（マット系） …… レジンカラーオパーク（RED）
型 …… クリアファイル

[道具]
レジン用の道具(p.50)、両面テープ、ガムテープの作業台(p.54)、UVライト、ツヤ出し用の道具(p.59)

[作り方]
- 基本テク①クリアファイルで型を作る(p.54)を参照して作る。

Comment
ハートの角のところはしっかり折りましょう。好きな形とサイズでいろいろ楽しめるのがクリアファイル型の醍醐味♡

[掲載作品に使用した型]
のりしろ分に0.5～1cmほどとり、両面テープでつなぐ。拡大縮小コピーをするなどして好きなサイズで作る。

Photo 25ページ | Size フリー

クチビル

[材料]
レジン液 …… 2液性レジン、UV-LEDレジン（型の補強用）
レジン用着色料 …… 宝石の雫（レッド）
封入材 …… ピカエース ラメ・シャインN（LGゴールドM）
型 …… クリアファイル

[道具]
レジン用の道具(p.50)、両面テープ、ガムテープの作業台(p.54)、UVライト、ツヤ出し用の道具(p.59)

[作り方]
- 基本テク①クリアファイルで型を作る(p.54)を参照して作る。

Comment
92ページではモールドを使ったクチビルを紹介していますが、ちょっと開き気味のデザインにしたかったのでオリジナル型で作ってみました。

[掲載作品に使用した型]
のりしろ分に0.5～1cmほどとり、両面テープでつなぐ。拡大縮小コピーをするなどして好きなサイズで作る。

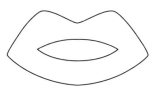

Photo 25 ページ | *Size* 幅約2.5cm×高さ約5cm

香水瓶

[材料]
レジン液 …… 2液性レジン、UV-LEDレジン(型の補強用)
レジン用着色料① …… 宝石の雫(イエロー)
レジン用着色料② …… Mr.カラー(ブラック)、またはレジンカラーオパーク(BLACK)
ボトルの型 …… タレビン
ふたの型 …… クリアファイル(幅7mm)
その他 …… 飾り用シール

[道具]
レジン用の道具(p.50)、カッター、ペンチ、両面テープ、ガムテープの作業台(p.54)、UVライト、セロハンテープ、ツヤ出し用の道具(p.59)

> **Comment**
> タレビン容器はレジンの型に使えます。ビーズやドライフラワーなどを封入して華やかに仕上げるのもおすすめです。

1 レジン液をレジン用着色料①で琥珀色に着色し、ボトルの型に3/5ほど入れる。硬化後に無着色のレジン液を型いっぱいまで加え、固める。

2 硬化後、カッターでタレビンに切り込みを入れる。

3 タレビンをむき取る。ペンチがあると便利。

4 基本テク①クリアファイルで型を作る(p.54)を参照し、ボトルの型に合わせたふたの型を作る。レジン液をレジン用着色料②で黒くし、1mmほど流し入れ固める。

5 さらに黒のレジン液を流し入れ、③を逆さにして型の中心に置き、傾かないようにセロハンテープで固定し、固める。

6 硬化後、ガムテープの接着面をやすりがけしてツヤを出し、ボトルの正面にシールを貼る。

Photo 25ページ | Size 高さ約6cm

口紅

[材料]
レジン液 …… 2液性レジン、UV-LEDレジン(型の補強用)
レジン用着色料① …… Mr.カラー(ブラック)、またはレジンカラーオパーク(BLACK)
レジン用着色料② …… 宝石の雫(レッド)
口紅の型 …… ストロー(直径8mm)
容器の型 …… タピオカ用ストロー(直径12mm)、クリアファイル(幅1cm)
封入材 …… ピカエース ラメ・シャインN(LGゴールドM)
接着剤 …… ボンド エポクリヤー

[道具]
レジン用の道具(p.50)、ハサミ、マスキングテープ、両面テープ、ガムテープの作業台(p.54)、UVライト、ツヤ出し用の道具(p.59)

> **Comment**
> 太めのタピオカストローが口紅容器にぴったり! それより細いストローを口紅本体にします。ラメが映えるよう透明感のある赤のグロスにしました。

1. 口紅の型用のストローを約3cm用意し、一方の端を斜めにカットする。もう一方の端をマスキングテープでふさぐ。

2. レジン用着色料①で着色した黒のレジン液を1cmほど流し入れ、固める。倒れないように固定する。

3. 斜めにカットした切り口が水平になるように容器などに固定する。レジン用着色料②で赤に着色したレジン液にラメを加えて流し入れ、固める。

4. 容器の型のストローを4cm程度にカットし、片方の端をマスキングテープでふさぐ。レジン用着色料①で着色した黒のレジン液を縁から5mm下まで流し入れ、固める。

5. ③を型から外し、④の中心に接着剤でつける。黒のレジン液を容器の型の縁まで流し入れ、固める。

6. 基本テク①クリアファイルで型を作る(p.54)を参照し、クリアファイルで容器の型よりもひと回り大きいサイズの正方形の型を作る。

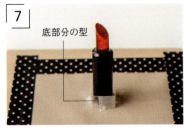

7. ⑤を⑥の中心に置き、黒のレジン液を流し入れ、固める。

8. 硬化後、ガムテープの接着面をやすりがけしてツヤを出す。

Photo 30・31ページ | Size フリー

ペーパーチェーン&フラッグガーランド

[材料]
◎共通
　レジン液 …… デコレジーナエポキシ樹脂
　レジン用着色料 …… Mr.カラー（ホワイト）、好きな色
　型 …… クリアファイル
◎ペーパーチェーン
　接着剤 …… ボンド エポクリヤー
◎フラッグガーランド
　金具 …… 丸カン

[道具]
レジン用の道具（p.50）、カッター、定規、ピンどめ、ルーター

Comment
レジンシート（p53）を使って作る作品です。レジンシートはレジン液をクリアファイルに挟んで固めるだけなので、専用の道具がなくても作れるのがうれしいポイント。

▶▶ペーパーチェーン

1. レジン用の着色料に、Mr.カラー（ホワイト）を混ぜ、マットなパステル系の色を作る。

2. 好きな色で着色したレジン液でレジンシートを何色か作る（p.53）。本書作品では5色制作。

3. 硬化後、幅0.7×長さ5cmに定規とカッターでカットする。薄いので、温めなくてもカットできる。

4. 基本テク②硬化後に成形する（p.55）を参照し、③を楕円の輪にし、5mmほどをのり代にして接着剤でとめる。ピンどめで接着箇所を仮どめしながら、好きな長さまでつなげる。

5. Tピンで金具をつける。ルーターで穴をあけ、Tピンを裏から刺して先を丸め、ピアス金具を丸カンでつなぐ。
※アクセサリー金具は材料外。

▶▶フラッグガーランド

1. 1mm厚ほどのレジンシートを何色か作り（p.53）、硬化後、定規とカッターで二等辺三角形にカットする。

2. ルーターで穴をあけ、丸カンでつなぐ。

Arrange
ビタミンカラーで作ったもの。丸カンの色はアクセサリー金具のチェーンに合わせてゴールドに。

Photo 32・33ページ | Size フリー

ビッグリボン

[材料]
レジン液……デコレジーナエポキシ樹脂
リボンの型……タッパー(10×6cm)
封入材……キラキラ折り紙をクラフトパンチで型抜きしたもの
接着剤……ボンド エポクリヤー

[道具]
レジン用の道具(p.50)、セロハンテープ

> **Comment**
> パーティモチーフのリボンなのでクリアカラーの陽気なデザインにしましたが、パステルカラーやヴィヴィッドカラーで作るのもいいですね。

作品の作り方

1
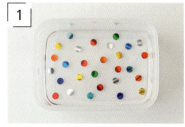
レジン液を型に厚さ2〜3mmほど薄く流し入れ、封入材を入れて固める。

2
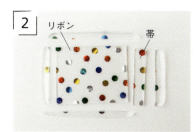
基本テク②硬化後に成形する(p.55)を参照し、四方をカットする。さらに帯用に1cm幅にカットする。※ピアス用など小さくしたい場合は、好きなサイズにカットする。

3

リボンのパーツの真ん中を指でつまみ、リボンのひだを作る。

4

指でつまんだまま、帯を巻く。帯がかたくなったら再度お湯に入れてやわらかくする。

5

裏で接着剤をつけ、帯を固定する。接着剤が固まるまでセロハンテープを巻いて仮どめする。

| Photo 32ページ | Size フリー |

パーティクラッカー

[材料]
レジン液 …… デコレジーナエポキシ樹脂
レジン用着色料 …… 好きな色
型 …… クリアファイル(10×10cm)、シリコーンモールド(6cm以上の四角型)

[道具]
レジン用の道具(p.50)、セロハンテープ、定規、カッター、楊枝

> **Comment**
> 2液レジンで4〜5層分固めるのは時間がかかるので、UV-LEDレジンを使って手早く作るのもおすすめ。ただし、クラッカーのくるくるパーツはデコレジーナエポキシ樹脂で作ってください。

1. クリアファイルを円すい状に丸め、セロハンテープで固定し、型を作る。

2. 好きな色で着色したレジン液をシリコーンモールドに2mm程度流し入れ、固める。

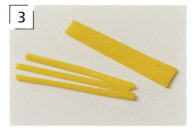

3. レジンシートを幅3mm×長さ6cmにカットする。

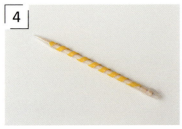

4. 基本テク②硬化後の成形(p.55)を参照し、楊枝に巻きつけ、セロハンテープで両端をとめておく。3本用意する。

5. レジン液を好きな色で着色し、1層ずつ色を変え、好きな高さまで4〜5層固める。写真は4層めまで作ったところ。

6. 最後の層(写真は5層め)を流し込んで固めるときに、④を差し込む。

7. ④を楊枝から外す。早めに外すと巻きがゆるくなりやすいので、差し込む直前に外す。

8. ⑦をバランスよく差し込み、最後の層と一緒に固める。

Photo 34ページ　│　Size 大・直径約3cm、小・直径約2cm

フォーチュンクッキーのチャーム

Comment
おみくじは粘土がまだやわらかいうちに挟むのがコツ。焼き色やニスがつかないように注意して。

[材料]
クッキー …… モデナ＋アクリル絵の具(黄土＋茶)大・2cm玉、小・1.5cm玉
実の着色料 …… 基本の焼き色②(p.67)
おみくじ …… 1×4cm程度の紙
ニス …… 水性アクリルニス(マット)
接着剤 …… ウルトラ多用途SU

[道具]
クリアファイル、アートプレッサー、歯ブラシ、ストロー、スポンジ

1 モデナに黄土と茶を混ぜて着色し、丸める。

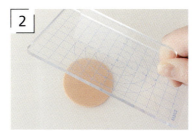
2 クリアファイルで挟み、アートプレッサーで押しつけて薄くのばす。**Point** 粘土をクリアファイルに挟んでからのばせば、くっつかない。

3 歯ブラシで叩き、クッキーの質感をつける。

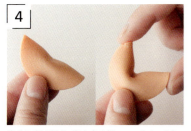
4 半分に軽く折り、真ん中を指でへこませてから、両端を寄せる。

5 ストローで穴をあける。

6 少し隙間をあけるようにして、接着剤をつけたおみくじの紙を挟む。

7 乾いたら、縁に焼き色をつける。

8 ニスを塗ってできあがり。

Arrange 色違いで作ったもの。焼き色はつけずに仕上げる。

| Photo 35ページ | Size 約9cm |

溶けかけアイスのアクセサリー

[材料]
コーン …… モデナ＋アクリル絵の具(こげ茶)2.5cm玉
接着剤 …… ウルトラ多用途SU
ニス …… 水性アクリルニス(マット、スーパーグロス)
◎**基本のアイス**
　バニラアイス …… モデナ＋アクリル絵の具(白＋黄色微量)
◎**マーブルアイス**
　バニラアイス …… モデナ＋アクリル絵の具(白＋黄色微量)
　チョコレートソース …… すけるくん＋アクリル絵の具(こげ茶)

[道具]
押し型(p.74)、クリアファイル、のし棒、歯ブラシ、ハサミ、計量スプーン、容器、楊枝

Comment
クリアファイルに溶けたアイスのたまりを作って、アイスと一緒に固めるのがポイント。すけるくんを使った透明感のあるソースを混ぜて作るのもおすすめです。

▶▶コーン

1　コーン用の粘土を厚さ1～2mm程度にのばす。

2　歯ブラシで叩いて質感をつける。

3　コーンの押し型(P.74)を用意する。

4　歯ブラシで叩いた面を型に押しつけ、指で押さえる。

5　型から外し、直径8cmぐらいに丸くカットする。

6　円すい形に丸め、乾かす。

▶▶基本のアイス

Arrange
ワッフル型で作ったもの。縁をカットして使ってもよい。

1　アイス用の粘土をのばしてまとめるのをくり返し、バサバサとした質感が出るまで練る。

2　表面にバサバサとした質感が出るよう、指で押し出しながら丸くまとめ、5～10分置く。

3	4	5

表面が少し乾いたら、計量スプーンなどで丸くまとめる。	余分な部分をハサミでカットする。取り除いた粘土はあとで使うので、ラップで巻き保存する。	アイスのできあがり。

▶▶ マーブルアイス

1	2	3

バニラアイス用の粘土とチョコレートソース用の粘土を用意する。**Point** すけるくんで作ると透明感が出るので、フルーツソースなどのマーブルもおすすめ。	粘土を混ぜ、マーブル状にする。	基本のアイス①～④と同様の手順で作る。

▶▶ 溶けかけのアレンジ

1	2	3

コーンの縁に接着剤をつけ、アイスクリームをのせて乾かす。**Point** アイスクリームがやわらかいうちにのせると、コーンになじみやすい。	基本のアイス④で取っておいた粘土に水を加えてクリーム状にする。	クリアファイルの上にクリームを円形に置き、アイスクリームをのせる。

Arrange	*Arrange*	*Arrange*

モデナ＋絵の具（黄色＋白微量）のアイスと、すけるくん＋アクリル絵の具（黄色）のフルーツソースでマーブルアイスを作る。モデナ＋アクリル絵の具（黄土＋茶）でワッフル型のコーンを作る。	モデナ＋アクリル絵の具（ペパーミントグリーン）のアイスと、すけるくん＋アクリル絵の具（ペパーミントグリーン）のソーダソースでマーブルアイスを作る。モデナ＋アクリル絵の具（黄緑）でコーンを作る。	バニラにミンツ（p.69）を混ぜてアイスにする。モデナ＋アクリル絵の具（赤）でワッフル型のコーンを作る。

Photo 36ページ | Size 全長5cm

完熟バナナのブローチ

[材料]

◎黄色の皮
- バナナの実 …… モデナ2cm玉＋アクリル絵の具(白＋黄色)
- バナナの皮① …… モデナ適量＋アクリル絵の具(黄色)
- バナナの皮② …… モデナ適量＋アクリル絵の具(白＋黄色)
- バナナ着色料 …… アクリル絵の具(黄緑)
- ラインストーン …… ♯2058　SS7～12(ジェット)適宜
- その他 …… 接着剤、水性アクリルニス(グロス、マット)

◎黒の皮
- バナナの実 …… モデナ2cm玉＋アクリル絵の具(白＋黄色)
- バナナの皮① …… モデナ適量＋アクリル絵の具(ブラック)
- バナナの皮② …… モデナ適量＋アクリル絵の具(白＋黄色)
- ラインストーン …… ♯2058　SS7～12(シトリン)適宜
- その他 …… 接着剤、水性アクリルニス(グロス、マット)

[道具]
クリアファイル、アートプレッサー、カッター、ハサミ、筆、ピンセット

Comment
シュガースポット(黒い斑点)をラインストーンでつけるのがポイント。同じカラーでサイズ違いを用意するとバランスがよくなります。

1 バナナの実用のモデナに白と黄色(微量)を混ぜ、直径1cmの棒状にのばす。

2 両端を丸くし、カッターで細かく横に筋をつける(上部2/3まで)。

3 縦に4～5本筋をつける。

4 少しカーブをつけ、そのまま乾かす。

5 バナナの皮①とバナナの皮②をそれぞれ薄くのばす。

6 ①の上に②を重ね、②のほうにカッターで筋をつける。横に細かく、縦に数本の筋をつける。

7 4枚にカットする。長細い葉っぱ状にするとよい。

8 ④の下半分に接着剤をつけ、⑦が乾く前に貼り合わせる。4枚の先をつまみ、皮の1/3ほどをつなげる。

9 皮をめくるようにして外側に折り曲げる。

10 乾いたら、皮の先端をハサミでカットして整える。

11 皮の先に黄緑を塗る(黒の皮には塗らない)。バナナの外皮(皮①)はニス(グロス)を、内皮(皮②)と実にはニス(マット)を塗る。

12 シュガースポットに見立てたラインストーンを接着剤で貼る。※ブローチにする場合は、ブローチ金具を接着剤でつける。

Photo 36ページ | Size フリー

キラキラホイップのプティピアス

[材料]
クリーム …… 基本のクリーム(p.68)
ラメ …… ピカエース ラメ・シャイン(シルバー、またはゴールド)
その他 …… 接着剤、UV-LEDレジンもしくは水性アクリルニス(グロス)
アクセサリー金具 …… ピアス金具

[道具]
容器、割箸、クリアファイル、絞り袋、口金(好みのもの)、筆

Comment
モデナは乾くと透明感が出るので、白の絵の具を加えるのを忘れずに。黄色を少し入れると温かみのある色に。

1 クリームが絞れる程度、ツノが立つ程度のかたさになるまで練る。

2 口金をセットした絞り袋に入れ、クリアファイルの上に絞り出す。

Point 先端を押さえて丸くする

ツノがやわらかいうちに指で押さえておくと、鋭利さが取れるので、ピアスにする場合はケガ予防に行う。

3 乾いたら、ピアス金具を接着剤でつける。

4 UV-LEDレジン(またはニス)にラメを混ぜ、筆にとって塗り、乾かす。

Arrange
クリームを好きな色に着色して絞る。

▶▶ 絞り方バリエーション

「の」の字を書くように絞る。

少し押しつけるように絞り出し、そっと引き上げる。

絞り袋を倒すようにしながらジグザグに絞る。

細いしずく形になるよう、あまり押しつけずに引き上げる。

| Photo 37ページ | Size 1個約2cm |

ジュエルなポップコーンの
アクセサリー

Comment
本物そっくり、でも違うのは中がキラキラしているところ。キレイに作るより、少しラフに作ったほうがリアルにできます。

[材料]
ポップコーン …… モデナ適量＋アクリル絵の具（白＋黄色）
着色料 …… Mr.カラー（クリアーイエロー、クリアーオレンジ、ブラウン）
ラインストーン※ …… ♯1088　SS39（トパーズ、Lt.トパーズ）適宜
ラメ※ …… ピカエース ラメ・シャイン
ニス …… 水性アクリルニス（マット）
接着剤 …… ウルトラ多用途SU
※ラインストーンやラメはお好みで。

[道具]
ハサミ、細工棒（丸）または先端が丸いもの、筆

1 モデナに白と黄色（微量）を混ぜ、2cm玉を取り分ける（1個分）。ちぎってはまとめる、をくり返してパサパサとした質感を出し、大きめ1個、小さめ2個に分ける。

2 質感をつぶさないように丸める。

3 小玉に細工棒を押しつけてへこみをつける。

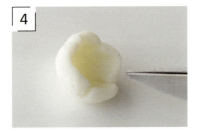

4 ハサミで4カ所切り込みを入れ、角を少し丸める。これを2個作る。

5 大玉に小玉2個をつけ、乾かす。**Point** つきにくい場合は、接着面に水を少し塗るか、接着剤でつけるとよい。

6 中に皮の色を塗る。3色を少しずつ重ねるとよい。乾いたらニスを塗る。

7 好みでラメを塗ったり、クリスタルストーンをつけたりする。ラメにはニス（グロス）を塗るとよい。

Point ハットピンへの加工法
ハットピンにするときは、金具に接着剤でつける。ポップコーンをいくつかまとめてつけるとき、金具にのりきらなければ、レジンでプレートを作るのもおすすめ。レジンプレートと金具の接着はエポキシ樹脂系の接着剤を使うとよい。

| Photo 38ページ | Size 約3×3.5cm |

プレッツェルのブローチ

[材料]
プレッツェル …… モデナ1.5cm玉＋絵の具（黄土）
焼き色 …… 基本の焼き色①②（p.67）
岩塩 …… モデナ適量を乾燥させたもの
接着剤 …… ウルトラ多用途SU
ニス …… 水性アクリルニス（セミグロス）

[道具]
クリアファイル、アートプレッサー、スポンジ、カッター、ピンセット、筆

> **Comment**
> 焼き色を濃いめにキレイにつけられれば、とってもリアル。岩塩にするモデナは、絵の具を混ぜずに使い、透け感を出します。

1 モデナを薄クリーム色に着色し、アートプレッサーで10〜12cmほどに細長くのばす。両端を細めにする。

2 半分に曲げ、両端を交差させる。

3 交差部分をねじる。

4 ねじったところを手前に倒し、両端をつける。乾かす。

5 焼き色をつける（p.67）。

6 岩塩の粘土をカッターで細かくカットする。

7 岩塩を接着剤でつける。

8 ニスを塗ってできあがり。

Photo 40ページ | Size 約5×1.5cm

板ガムのチャーム

[材料]
ガム …… モデナ2cm玉＋絵の具（好きな色）
包み紙 …… ①折り紙（銀など）、
　　　　　②包装紙やオリジナルデザインを光沢紙にプリントしたもの
コーティング …… UV-LEDレジン
ハトメ …… 両面ハトメ（内径5mm）各1セット
ニス …… 水性アクリルニス（マット）
接着剤 …… ウルトラ多用途SU

> Comment
> 形状固定ができるレジンのコーティング。ガムを取り出すときをイメージしながら、折り紙を好きなように曲げてください。

[道具]
クリアファイル、ガイド用方眼紙4枚、のし棒、抜き型（波）、カッター、ハトメ用の道具（p.76）、ハサミ、UVライト、筆、幅広セロハンテープ

1 ガム用の粘土をクリアファイルに挟み、ガイド2枚分の厚さにのばす。

2 ガイドを1枚ずつ外し、抜き型で模様をつける。つけなくてもよい。

3 長方形にカットする。少し乾いてからカットするときれいに切れる。

4 両面ハトメをつけて乾かし、ニスを塗る。
Point 包み紙をつけないガムは少し曲げて動きを出すのもよい。

▶▶ 包み紙をつける

1 包み紙①をガムを包めるサイズに切る。ピンキングバサミがあれば、両脇をギザギザにカットする。ガムを見せる場合はニスを塗る。

2 ガムを包む。開封後か開封前に続く。

▶▶ 開封後

1 包み紙①を半分開き、UV-LEDレジンを紙に塗り、UVライトでかためる。ガムにつかないように注意。

▶▶ 開封前

1 包み紙②を用意し、幅広セロハンテープを表面に貼る。Point 厚い紙の場合は、テープを貼ってから薄く剥ぐようにするとよい。

2 裏で包み紙②を貼り合わせる。

Photo 41ページ | Size フリー

サンドイッチのネックレス

[材料]
◎パン
　パン(1斤分) …… モデナ5cm玉＋アクリル絵の具(白＋黄土微量)
　焼き色 …… 基本の焼き色①②(p.67)
◎チーズ　チーズ …… モデナ適量＋アクリル絵の具(黄色＋オレンジ)
◎レタス　レタス …… モデナ適量＋アクリル絵の具(白)、
　　　　　　　　　モデナ適量＋アクリル絵の具(黄緑)
◎トマト
　トマト …… モデナ3cm玉＋アクリル絵の具(赤＋オレンジ)
　トマトの皮 …… アクリル絵の具(赤)
　トマトの種 …… モデナ適量＋アクリル絵の具(白＋黄色、黄、緑など)、
　　　　　UV-LEDレジンまたは水性アクリルニス(グロス)
◎オニオン
　オニオン …… モデナ適量
　オニオン着色料 …… アクリル絵の具(プラム)
　拭き取り用剤 …… Mr.ツールクリーナー、除光液など

◎ベーコン
　ベーコン …… モデナ適量＋アクリル絵の具(赤、白)
　焼き色 …… 基本の焼き色①②(p.67)
◎共通
　ニス …… 水性アクリルニス(グロス、セミグロス、マット)
　接着剤 …… ウルトラ多用途SU

Comment
パーツ1個でもハトメをつければ、存在感のあるチャームになります。両面ハトメを選べば、パーツの表裏なく使えます。サンドイッチにするときは、具材が乾く前に接着剤をつけて重ねます。

[道具]
粘土用の道具(p.66)、焼き色用の道具(p.67)、ビニール、ピンセット、抜き型(丸・直径3cm)、細工棒

▶▶ パン

1 パンを四角く成形する。平らではなく、ラフな四角にする。

2 全体をアルミホイルと歯ブラシで質感をつける。表面がかたくなるまで半日ほど乾かす。

3 5〜10mmほどの厚さにカットする。表面はかたくなっていて、内側はまだやわらかい状態。

4 カット面を歯ブラシで叩いて質感を出す。

5 楊枝で穴をあけて気泡を作る。

6 パンの耳に焼き色をつけ(p.67)、ニス(マット)を塗る。

▶▶ チーズ

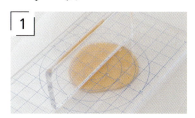

1 チーズ用の粘土をアートプレッサーで厚さ2mmほどにのばす。

2 カッターで四角くカットし(1辺約25mm)、乾かす。ニス(セミグロス)を塗る。

Arrange
チャーム用は、ハトメをつけて乾かす。

▶▶ レタス

1. 白と黄緑に着色した粘土を用意する。

2. 2色の粘土をラフに混ぜ、薄くのばす。

3. アルミホイルをクシャクシャにし、挟んで押しつけ、質感をつける。

4. ビニールをのせ、ビニールの上から楊枝で葉脈の模様をつける。

5. 葉の芯に近い部分をひだを作るようにして寄せる。

6. ピンセットで葉先をつまみ取る。

7. 数枚作って重ねる。サンド用はこの段階で重ねる。

Arrange
チャーム用は、ハトメをつけて乾かす。

8. 乾いたら、ニス(セミグロス)を塗る。

▶▶ トマト

1. トマト用の粘土を厚さ5mmほどにのばし、歯ブラシで叩く。

2. 抜き型(丸)で抜く。

3. 細工棒や割箸の先などで、写真のような跡をつける。

4. 側面に赤の絵の具を塗り、乾いたらニス(グロス)を塗る。

5. トマトの種用の粘土をゴマ粒大に丸め、トマトの凹みに入れる。

6. UV-LEDレジンかニスをへこみに入れ、固める。表面をニス(セミグロス)を塗る。

▶▶オニオン

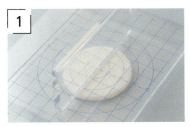
オニオン用の粘土をアートプレッサーで厚さ5mmほどにする。

クリアファイルで、少しずつサイズを変えて型を4〜5つ作る。大きい型は長さ12cm、小さい型は長さ9cmをそれぞれ1cmののり代で丸める。いちばん大きい型で抜く。

カッターの背で側面に縦の線を入れる。

中くらいの型2つで円形の線をつける。

小さい型で中央を抜く。乾かす。

オニオンの断面をプラム色に塗る。線の中までしっかり色がつくように塗ること。

ウェットティッシュなどで、プラム色に塗った断面を拭き取る。

側面をプラム色に塗る。7で拭き取った断面につかないよう注意。

乾いたら、ニス(セミグロス)を塗る。

▶▶ベーコン

ベーコン用の粘土を写真のように濃いピンク、薄ピンク、白に着色し、5mm玉程度を4つ用意する。

指で細長くのばし、白と交互に並べる。

指でくっつけてまとめ、薄くのばす。

アルミホイルや歯ブラシで質感をつける。乾かす。

焼き色をつける(p.67)。縁はこげ茶を多めにしてつける。

乾いたら、ニス(セミグロス)を塗る。

Photo 42ページ | Size 約5×8cm

ポテトチップスのブローチとチャーム

[材料]
袋 …… アルミホイル約9×13cm、包装紙※約7×11cm
※包装紙はコーティングなど特別な加工がされているものは不向き。
コーティング …… UV-LEDレジン ハードタイプ
ポテトチップス …… モデナ適量＋絵の具（黄土）
焼き色 …… 基本の焼き色①②(p.67)
のり塩 …… ピカエース ラメ・シャインN（ライトグリーン）
ニス …… 水性アクリルニス（セミグロス、マット）
接着剤 …… ウルトラ多用途SU

[道具]
ハサミ、のり、綿棒、筆、クリアファイル、UVライト、のし棒、アルミホイル、歯ブラシ、細工棒（丸）、ストロー、焼き色用の道具(p.67)

> **Comment**
> アルミホイルを使ったUVレジンのコーティング袋は、直接カンをつけるならコーティング前に穴をあけておきましょう。

▶▶ 袋

1. アルミホイルの光沢の強い面に包装紙を貼り、切りそろえる。

2. 両端（下半分）にのりを塗り、貼り合わせる。綿棒でのりを塗るとよい。

3. 袋を半分開いたようなイメージで貼り合わせたところ。

4. 下側を貼り合わせて袋を作る。

5. 袋を半分開いた状態にクセをつける。クリアファイルの上でUV-LEDレジンを塗る。
Point チャームにする場合は、穴あけパンチなどでカン用の穴をあけておく。

6. UVライトを照射し、硬化させる。

▶▶ ポテトチップス

7. 裏側や内側（見えている部分）にもUV-LEDレジを塗り、硬化させる。カチカチになるまで3回ほどくり返す。

Arrange
口部分だけ開けた袋。

8. 薄クリーム色に着色した粘土を薄くのばす。クリアファイルに粘土を挟んでのばすとよい。

9
しわくちゃにしたアルミホイルの上に置き、歯ブラシで叩いて質感を出す。両面行う。

10
クリアファイルを丸めて全長2cm程度のだ円形にし、それを抜き型にして抜く。

Arrange
1枚をチャームにする場合は、ストローでカン用の穴をあけておく。カンを通すところは厚めにしておく。

11
指で縁を折り曲げ、ポテトチップスの形にする。

12
細工棒を当てて、プクッと空気が入った質感を出す。

13
同様に8〜12枚ほど作って乾かす。

作品の作り方

14
好きな濃度で焼き色をつける（p.67）。ニス（マット）を塗る。 Point 縁には濃いめに焼き色をつけるとよい。

Arrange
のり塩チップスにしたもの。ニス（セミグロス）にラメを混ぜ、筆で全体につける。

15
接着剤をつけて袋に貼る。

119

Photo 43ページ | **Size** 約8×6cm

キャラメルポップコーンのチャーム

[材料]

◎ポップコーン

袋 …… 包装紙※約15×15cm ※包装紙はコーティングなど特別な加工がされているものは不向き。
ポップコーン …… モデナ適量＋アクリル絵の具(白＋黄色微量)
皮着色料 …… Mr.カラー
　(クリアーイエロー、クリアーオレンジ、ブラウン)
キャラメル …… ボンド エポクリヤー＋アクリル絵の具(黄土)
接着剤 …… ボンド エポクリヤー

◎3Dメガネ

メガネ …… UV-LEDレジン
フレーム用着色料 …… 宝石の雫(ホワイト)
レンズ用着色料 …… 宝石の雫(ブルー、レッド)

Comment
エポクリヤーでキャラメリゼができます。キャラメルソースの仕上げとポップコーン同士の接着が一緒にできちゃうのもポイント！

[道具]

ハサミ、レジン用筆、クリアファイル、UVライト、細工棒(丸)または先端が丸いもの、筆、楊枝、ソフトモールド・タグ＆キューブ[パジコ]、マスキングテープ

▶▶ポップコーン

1. 包装紙を丸みを保ちながら台形の形に軽く折り、袋を作る。袋の下を折り返し、余分な部分をカットする。

2. 重なりの部分にUV-LEDレジンを塗り、UVライトを照射して硬化させる。

Point コーティングしてから余分をカット

UV-LEDレジンでコーティングして立体的に固めてから、ハサミでカットして袋の形を整えてもよい。

3. 裏側や内側にもUV-LEDレジンを塗り、硬化させる。カチカチになるまで3回ほどくり返す。

4. ポップコーン(p.112)を作る。大きい玉1つに小さい玉1つや3つなど大きさやバランスを変えながら作る。

5. 中に皮の色を塗る。着色料の3色を出し、混ぜながら筆にとる。

6. 中心が濃くなるように塗り重ねる。

7. 乾かす。※キャラメリゼをしない場合は、ニス(マット)を塗ってできあがり。

▶▶キャラメリゼ

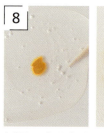

8. クリアファイルにキャラメルの材料を出し、楊枝で混ぜる。

9 クリアファイルにポップコーンをのせ、キャラメルをからめる。

10 きれいなクリアファイルを用意し、ポップコーンを移す。袋に半分ほど入るよう形をイメージしながら整える。

11 上からもキャラメルをかけて、キャラメリゼしながら接着する。

12

乾いたら、クリアファイルから外し、接着剤で袋につける。

▶▶ 3Dメガネ

1 型に白く着色したフレーム用のUV-LEDレジンを入れる。

2 UVライトを照射し、硬化させる。
Point UV-LEDレジンの量を数回に分けて硬化させたほうがしっかり固まる。

3 型から取り出し、マスキングテープの粘着面にメガネをのせる。レンズの部分に薄くUV-LEDレジンを入れ、UVライトで照射し、膜を作る。

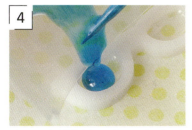
4 ブルーで青く着色したUV-LEDレジンを一方のレンズの部分に入れ、UVライトで硬化させる。

5 レッドで赤く着色したUV-LEDレジンをもう一方のレンズの部分に入れ、UVライトで硬化させる。数回に分けて行う。

6 できあがり。

| Photo 44ページ | Size 約3×3cm |

割りたてタマゴのチャーム

[材料]
黄身 …… モデナ1cm玉＋アクリル絵の具（黄色＋オレンジ）
白身 …… UV-LEDレジン

[道具]
シリコーン製シート、UVライト、電動ルーター

Comment
黄身の色もいろいろ。オレンジが強かったり、黄色寄りだったり。好みで調整してください。黄身を2つ入れた双子卵もかわいいです。

1 黄身を作る。モデナに黄色とオレンジを混ぜ、平たく丸めて乾かす。

2 シリコーン製シートの上にUV-LEDレジンを流す。白身部分になる。

3 黄身をのせ、さらに上からUV-LEDレジンをかけて黄身をコートする。

Point 封入パーツは硬化前に

OHPシートを封入するなら、このときに。

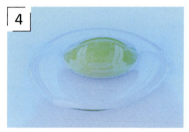

4 シリコーンシートごとUVライトに入れ、数分照射する（時間はUV-LEDレジンの推奨時間に準じる）。UVライトがない場合は太陽光に当てて硬化させる。

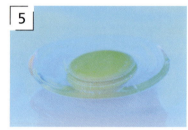

5 表が固まったら裏返し、黄身の裏も照射して硬化させる。固まったら、白身に穴をあけ、カニカンを通す。

Point シリコーンモールドを利用

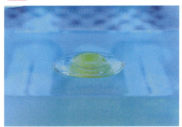

シリコーン製シートがなければ、シリコーン型の裏などを利用するのもOK。

| Photo 45ページ | Size 約5cm |

ハンバーガーとフライドポテトの バッグチャーム

Comment
具材が多いのであらかじめ用意しておきましょう。ただし、レタスとチーズは直前に作り、粘土が半乾きのうちに重ねます。

[材料]

◎ハンバーガー

- ゴマ …… モデナ適量＋アクリル絵の具(黄土)
- ラインストーン …… ♯2058 SS 9(ジョンキル)約15個
- バンズ型どり用 …… モデナ2cm玉×2個、ブルーミックス適量
- バンズ …… モデナ2cm玉×2個＋アクリル絵の具(黄土)
- トマト …… p.116参照
- パテ …… モデナ＋アクリル絵の具(黄土＋茶色)
- チーズ …… モデナ＋アクリル絵の具(黄色＋オレンジ)
- レタス …… モデナ適量をアクリル絵の具(緑、黄緑、白)3色にそれぞれ着色
- レタス押し型 …… レタス、ブルーミックス適量
- 焼き色① …… 焼き色の達人
- 焼き色② …… アクリル絵の具(赤＋こげ茶色)
- ラメ …… ピカエース ラメ・シャイン(シルバー)
- 接着剤 …… ウルトラ多用途SU
- ニス …… 水性アクリルニス(グロス、マット)

◎フライドポテト

- ポテト …… モデナ適量＋アクリル絵の具(黄土＋白)
- 焼き色 …… 基本の焼き色(p.67)
- ニス …… 水性アクリルニス(マット)

[道具]
クリアファイル、スポンジ、歯ブラシ、ピンセット、カッター、抜き型(丸・直径3cm)、筆、まち針、抜き型(波)

作品の作り方

▶▶ハンバーガー

1 ゴマを作る。ゴマ用の粘土をラインストーンと同じサイズのしずく形にし、乾かす。

2 バンズの原型をモデナで作る。バンズ上は円盤状に、バンズ下は平たい円柱状にする。乾かす。**Point** 縁にカッターでシワのような筋をつけるとリアル感UP。

3 ブルーミックスで型取りする。**Point** 1個だけ作るなら型どりせず、原型で作品を作るのでもよい。ただ、型があると④の作業が簡単で仕上がりがよい。

4 バンズ用の粘土を型に詰め、歯ブラシで叩き質感をつけてから取り出す。乾かす。

5 固まったら焼き色①をつける。焼き色の達人のうす茶を全体につけてから、茶とこげ茶を重ねる。バンズ上は全体に、下は中心を残して縁側に焼き色をつける。

6 ゴマをバンズ上に接着剤でつけ、ニス(マット)を塗る。**Point** ゴマは取れやすいので、ニスは2～3回塗り重ねるとよい。

7 ゴマの隙間にラインストーンを接着剤でつける。

8 トマト（p.116）を作る。ニス（グロス）をたっぷりめに塗って仕上げる。まち針に刺して塗ると作業しやすい。

9 パテを作る。パテ用の粘土を着色して丸め、歯ブラシで叩いて質感をつけながら厚さ3mmに丸くまとめる。

10 固まったら焼き色②を筆にとり、焦げめをつける。

11 乾いたらニス（グロス）を塗る。まち針に刺して塗ると作業しやすい。

CHECK 押し型を用意する

1 レタス実物を用意し、ブルーミックスを押し当てる。

2 硬化したらできあがり。

12 バンズとトマト、パテができたら、レタスとチーズを作る。レタス用の粘土3色を用意する。
Point 半乾きの状態で重ねるので、パーツを重ねる直前に用意する。

13 3色の粘土を少しずつ取り分け軽くまとめ、型に薄くのばすようにして押しつける。

14 レタスを2〜3枚作る。
Point 押し型を使わない作り方はp.116参照。

15 チーズ用の粘土を厚さ3mmにのばし、パテの大きさに合わせて四角くカットする。

16 パテにチーズを接着剤でつける。チーズの角をパテになじませ、溶けた感じを出す。

17 パーツを少しずつずらしながら、接着剤をつけて重ねる。レタスをのせたところ。

18 パテをのせたところ。**Point** レタスとチーズはまだやわらかいので、重ねるときにグッと押しつけるようにする。

19 トマトをのせたところ。パーツが見えるように大胆にずらすとよい。

20 バンズをのせる。接着剤が固まったら、バンズ以外にニス（グロス）を塗る。

21 ニス（グロス）にラメを混ぜ、レタスの先に塗る。アクセサリーにするときは、下のバンズの側面にヒートンを刺し、丸カンでアクセサリー金具につなぐ。

▶▶ フライドポテト

1 モデナに黄土と白を混ぜて着色し、さらに水分がとんで、ぼそぼそした感じになるまでこねる。

2 両面を歯ブラシで叩いて質感をつける。

3 抜き型（波）の一部を利用して、ポテトの形に抜く。

Point 金具の箇所は平らにする

4 両端を軽く曲げて乾かす。

5 乾いたら焼き色をつけ、ニスを塗る。

アクセサリーにするときは、ポテトの先をカットするとヒートンがつけやすい。

CANDY COLOR TICKET × mmts　カタログ／作品解説

カラフルチャーム

私のウェブショップでも人気の「テトラパックの牛乳」や本書でも紹介している包みキャンディなどを取り入れました。中川翔子さんの好きな「スイカ（キャンディ）」「かじりかけの板チョコ」「mmtsの刻印入りクッキー」などを入れ、パーツがたくさんの豪華なチャームに。

チョコチャーム

カラフルチャームと同時期に販売した「チョコチャーム」。こちらはカラフルチャームよりも落ち着いた色みで作りました。猫ちゃんの肉球型にくり抜いたポテトチップスや一粒猫チョコなど、mmtsならではの猫モチーフを取り入れました。

ロリポップ（チョコレート、レインボー、ピンク）

レインボーとピンクはザラメつきの猫型スティックキャンディになっています。チョコレートはmmtsの刻印入り。包み紙のビニールにもmmtsのロゴとmmtsカラーのブルーを入れました。

猫チョコ＆クッキー（ピアス、イヤリング）

一粒猫チョコとmmtsの刻印入りクッキーをつなげた大振りサイズのピアス＆イヤリングです。存在感はバッチリ！　チョコチャームとのセット感があります。

水玉キャンディ（ピアス、イヤリング）

一番大量に作った作品です。肉球キャンディを包むのに水玉模様を使ったのですが、製作途中、あまりに水玉を見すぎて目が回りました（笑）。よく見ると水玉模様の中に「mmts」の「m」「t」「s」の英文字が入っています。

猫ドロップ

猫ちゃんと肉球の形をしたドロップをカラフルビニールで包み、さらにそれをmmtsオリジナルビニールで包みました。購入した方から「中を開いて見てみたい欲を我慢しています」と言われた作品です（笑）。

スイカヘアゴム（レッド、イエロー）

中川翔子さんが無類のスイカ好き（！）と聞いて作りました。スイカの果実と皮を別々にして抽象的なデザインに。白い種が混ざっているのもポイントです。

スイカ（ピアス、イヤリング）

こちらもスイカのモチーフをイヤーアクセに。当初、赤1色のデザインでしたが、片方ずつ赤と黄色のセットにし、よりカラフルな耳元になるようにしました。

貝がらピアス、イヤリング（ピンク＆ブルー）

中川翔子さんが大好きなスカシカシパンとヒトデモチーフの貝型のアクセサリーです。mmtsで同時期に発売されたお洋服の柄に合うように作りました。

貝がらピアス、イヤリング（オーロラ＆イエロー）

グラデーションカラーにしたスカシカシパンとヒトデのイヤーアクセ。存在感はありますが、レジンなので軽量です。中川翔子さんの影響で、私もすっかりスカシカシパンの虜に（笑）！

スカシカシパンヘアゴム（ピンク、オーロラ）

スカシカシパンのヘアアクセ。ピアスよりも大ぶりサイズです。貝がらの表面はラメでキラキラさせています。暑い日など髪をまとめるとき、涼しげになりますように！

クリームソーダチャーム（ピンク、グリーン、ブルー）

2023年の秋冬はレトロをテーマに作品を作りました。グラスには水滴をつけて、シズル感もたっぷり。カラーもmmtsカラーのブルー、中川翔子さんが大好きなギザピンク、王道のグリーンの3色にしました。チョコレートにはmmtsの刻印つき。

レトロチャーム（ブラウン、ホワイト）

駄菓子屋さんで売っていたような懐かしいレトロなお菓子をイメージして作りました。カラフルラムネ、カラフルミンツ、ザラメつき棒キャンディ、ロングチョコをセットしたチャームです。

猫ホットケーキチャーム

ホットケーキはmmtsのテーマでもある猫ちゃんシルエット。トロリとしたシロップにはラメを混ぜてキラキラさせ、アクセサリー感を出しました。

麻雀（ピアス、イヤリング）

中川翔子さんが大好きな麻雀のアクセサリーを作りました。とくにウーピン（五筒）がお好きなんだとか。よく見るとウーピンの真ん中には猫耳がついています。もちろん、もう片方は中川の「中（チュン）」を使用（笑）。

アメリカンバッグチャーム

2024年の春夏はアメリカンなお菓子がテーマ。中川翔子さんが描いたメポちゃんのイラストをクリームサンドクッキーに。mmtsの刻印入りジェリービーンズやソフトクリーム、チョコがけドーナツ、水玉キャンディをラインナップして、50'sのポップなテイストに。

ハンバーガーチャーム

たまには食事系モチーフもどうかな？と2024年秋冬用に作ったハンバーガーセットのバッグチャームです。キラキラが大好きな中川翔子さんなので、ハンバーガーのゴマにキラキラストーンをトッピング。コーラにはラメを入れて炭酸感を出しています。

ポテトチャーム

ハンバーガーチャームと同時期に販売のポテトチャームのバッグチャーム。ハンバーガーは派手すぎる！と思う方用にシンプルなポテトだけのバージョンも作りました。ケチャップとマスタードどちらをつけようか……と考えた結果、選べなかったので両方つけました（笑）。

クッキー詰め合わせバッグチャーム

メポちゃんクッキーを5枚袋に詰めて作ったバッグチャームです。ビニール袋にもmmtsの文字入り（ビニール会社さんに作ってもらったオリジナルです）。

メポクッキーチャーム（左）、マミタス様クッキーチャーム（右）

中川翔子さんが描いた「メポ」と「マミタス様」のイラストをそのまま大ぶりサイズのクッキーにしました。シンプルだけれど存在感がたっぷりでmmtsらしい作品に。本書で作り方を紹介しているレジンのクッキーチャームと同じ方法で制作しています。

マーブルクッキーミラー（左）、チョコクッキーミラー（右）

外出時用の手鏡を作りました。丸い鏡には丸いクッキーがサイズも形もぴったり！　カラフルポップが好きな人用にマーブルVer.、シックなものが好きな人用にチョコクッキーver.の2種類を作りました。中川翔子さんはマーブルクッキーを使ってくれています。

---

mmts（マミタス）とは

しょこたんとこと中川翔子とBEAMSが共同プロデュースするファッションブランド。ファッションとカルチャーを融合させた「楽しい、おもしろい」をテーマに、中川翔子のパーソナリティやライフスタイルをファッションアイテムに色濃く表現する。好奇心を持つすべての人に向けて「マミタススタイル（ギザカワユスになれること）」を発信している。
https://www.beams.co.jp/mmts/

CANDY COLOR TICKET

カンカラチケット

6月2日 横浜生まれ。AB型。日本映画学校 映像美術科 卒業。卒業制作に1年間を費やし、ミニチュア立体アニメーションを完成。学生時より映画美術監督 稲垣尚夫氏に師事。以降 映画・ドラマ・CM美術に従事。2007年よりスイーツデコアート制作を始め、2010年「CANDY COLOR TICKET」を商標登録。書籍多数。国内海外のイベントでの展示、NHKクラフト番組の監修など広く活躍。2022年よりBEAMS＆中川翔子氏共同プロデュースブランド「mmts（マミタス）」とコラボーレション。現在BEAMSサイトで販売中。

Ameba blog https://ameblo.jp/candycolorticket/

Youtube https://www.youtube.com/channel/UCYMinaQvpfcC2YYH2gtCtAQ?

Webshop https://candycolorticke.cart.fc2.com/

X https://twitter.com/CANDYCOLORTICKE

Instagram https://www.instagram.com/candy_color_ticket/

mmts https://www.beams.co.jp/mmts/

STAFF

写真＊三好宣弘（RELATION）
デザイン＊釜内由紀江、五十嵐奈央子、黒部友理子（GRiD）
校正＊西進社
編集＊村松千絵（Cre-Sea）

［材料協力］
モデナ、UV-LEDレジン、レジン用着色剤宝石の雫ほか
株式会社パジコ
https://www.padico.co.jp

2液性レジン、レジンカラー、スーパークリアシリコーン
デコレジーナ（ビーズママ）
https://www.beadsmama.com

カンカラモールド
株式会社ファイブ・シー
Tel:03-5700-7190
http://www.ooi-shouji.com
https://www.rakuten.ne.jp/gold/shugale/

ウェーブ・シリコーンゴム
株式会社ウェーブ
https://www.hobby-wave.com/

ボンド エポクリヤー
コニシ株式会社
https://www.bond.co.jp/

本書の内容に関するお問い合わせは、お手紙かメール（jitsuyou@kawade.co.jp）にて承ります。恐縮ですが、お電話でのお問い合わせはご遠慮いただきますようお願いいたします。

本書に掲載されている作品及びびそのデザインの無断利用は、個人的に楽しむ場合を除き、禁じられています。本書の全部または一部（掲載作品の画像やその作り方図等）をホームページに掲載したり、店頭、ネットショップ等で配布、販売したりすることは、ご遠慮ください。

カンカラチケットの
レジンアクセサリー大全

2024年9月20日　初版印刷
2024年9月30日　初版発行

著　　者　CANDY COLOR TICKET
　　　　　（カンカラチケット）
発 行 者　小野寺優
発 行 所　株式会社河出書房新社
　　　　　〒162-8544
　　　　　東京都新宿区東五軒町2-13
　　　　　電話　03-3404-1201（営業）
　　　　　　　　03-3404-8611（編集）
　　　　　https://www.kawade.co.jp/
印刷・製本　三松堂株式会社

Printed in Japan
ISBN978-4-309-29430-8

落丁本・乱丁本はお取り替えいたします。
本書のコピー、スキャン、デジタル化等の無断複製は著作権法上での例外を除き禁じられています。本書を代行業者等の第三者に依頼してスキャンやデジタル化することは、いかなる場合も著作権法違反となります。

＊本書は、2013年刊『カンカラチケットのレジンかわいいアクセサリー』、2014年刊『カンカラチケットのスイーツデコBible』、2015年刊『カンカラチケットのスイーツデコ レッスンBook』、2017年刊『カンカラチケットのかんたんカッコいい！レジンアクセサリー』（すべて小社刊）からベストセレクションの作品を一部再録しました。その上で、今回新規の作品も加えて全体を改訂し、新たに編集し直したものです。